SCHLAGFERTIGKEIT IN DER PRAXIS

. . . .

Souverän auftreten, Rhetorik verbessern und Gesprächsführung übernehmen + inklusive praxisnahmem Kommunikationstraining

Amadeus Kaiser

amadeus.kaiser@cherrymedia.de

Impressum

Originale Erstauflage

Alle Rechte, insbesondere Verwertung und Vertrieb der Texte, Tabellen und Grafiken, vorbehalten.

Copyright © 2019 by Cherry Media GmbH

Druck/Auslieferung:
Amazon.com oder eine Tochtergesellschaft

Taschenbuch	**978-3-96583-218-3**
Hardcover	**978-3-96583-219-0**
Audio CD	**978-3-96583-220-6**
eBook	**978-3-96583-230-5**

Impressum:

Cherry Media GmbH
Bräugasse 9
94469 Deggendorf
Deutschland

SCHLAGFERTIGKEIT IN DER PRAXIS

. . . . .

INHALTSVERZEICHNIS

Vorwort 1

Das kommunikative Fundament 7
   Warum Schlagfertigkeit so wichtig ist 8
   Körpersprache und Schlagfertigkeit 10
   Erste Szenen für die Übung vor dem Spiegel 13
   Körperhaltung und Selbstbewusstsein 15
   Mimik, Gestik und Worte richtig einsetzen 22
   Rhetorik 27
   Wie du selbstbewusst vor anderen sprichst 29

Grundregeln der Schlagfertigkeit 35
   Situationen erkennen 35
   Schlagfertigkeit lernen – wie beginne ich das Projekt? 37
   Werde ein Wortsammler 40
   Die unterschiedlichen Taktiken 42
   Der schmale Grat zwischen Schlagfertigkeit und Frechheit 44
   Schlagfertig sein und gleichzeitig
   humorvoll und sympathisch bleiben 46
   Andere mit der Schlagfertigkeit nicht verletzen 50

Techniken in der Praxis umgesetzt 53
   Gegenfragen 56
   Offensive und Angriff als beste Verteidigung 58
   Mach dir keine Gedanken darüber, was

andere über dich denken 61

Sarkasmus, Zynismus und Ironie 65

100 Situationen in welchen du schlagfertig sein musst 67

Nachhaltig schlagfertig bleiben 83

Praktische Übungen 83

Vorwürfe, Anfeindungen und Sätze für die
du Antworten suchen sollst 84

Meine Antworten auf die 100 Fragen und Vorwürfe 90

Rhetorische Fragen - eine weitere Technik
für deine Schlagfertigkeit 105

Innere Blockaden durchbrechen 109

Auch in schweren Situationen gelassen bleiben 113

Warum du immer gelassen bleiben sollst 118

Meditation, Mantras, Yoga und Mudras 120

Auf eine gute Gesprächsführung achten 126

Pokerface 133

Fördere deine Emotionale Intelligenz 141

Teste jetzt deine Schlagfertigkeit: Das Schlagfertigkeits Quiz!
.... 149

Schlusswort und Fazit 153

Anleitung QR-Code 157

Glossar 159

Index 162

Kostenfreies e-Book Inklusive

Beim Kauf jedes Taschenbuches von Cherry Media ist das e-Book **kostenfrei** für Sie **inkludiert**. Gehen Sie dazu einfach auf

https://link.cherrymedia.de/EPUB

oder scannen Sie den QR Code oben. Auf der Seite können Sie dann Ihren einmalig gültigen Zugangscode eingeben. Den **Zugangscode** zum e-Book finden Sie auf der **letzten Seite** des Taschenbuchs.

Wir wünschen **viel Freude** mit Ihrem **kostenfreien** e-Book!

Haben Sie Fragen zu Ihrem e-Book? Wir sind gerne für Sie da!

Sie erreichen Sie uns unter info@cherrymedia.de

KAPITEL 1

Vorwort

VORWORT

Bevor ich hier mit dem Buch starte, möchte ich dir erzählen, wie und warum es überhaupt dazu gekommen ist. Vor etwa 20 Jahren war ich selbst absolut schüchtern und hatte so überhaupt kein Selbstbewusstsein. Ständig fühlte ich mich wie ein Duckmäuschen und meist fiel mir im Nachhinein erst eine Antwort ein, die so richtig gut gepasst und gesessen hätte. In der jeweiligen Situation aber war ich still und brachte kein Wort heraus. Ich ärgerte mich in diesen Situationen unheimlich und fühlte mich gleichzeitig noch kleiner und unzulänglich.

Irgendwann reichte es mir und ich dachte, dass sich jetzt dringend etwas ändern müsste. Nur war es vor 20 Jahren, oder noch längerer Zeit, ab einem gewissen Alter überschlägt man nur mehr Pi mal Daumen, noch nicht so einfach und man konnte nicht schnell im Internet nach allen möglichen Themen suchen. Ich zumindest hatte noch keinen Computer, geschweige denn Internet zu Hause. Zu der Zeit wäre es auch noch viel zu teuer gewesen und man hatte auch nicht das dringende Bedürfnis, ständig im World Wide Web zu surfen. Es waren einfach andere Zeiten.

Dennoch gab es immer für alles eine Lösung. Ich suchte mir die passende Literatur zum Thema Schlagfertigkeit und

Selbstbewusstsein aus. Bald ähnelte mein Wohnzimmer einer kleinen Bibliothek. Recht zufrieden war ich mit dem Ergebnis zwar noch nicht, aber ich beschäftigte mich intensiv mit meinem Problem und las auch fleißig in Magazinen und Zeitschriften und suchte nach Dokumentationen zu diesem Thema.

Es wurden auch einige Seminare angeboten und die nächsten drei Jahre besuchte ich mit großem Erfolg diese Seminare und machte auch selbst Ausbildungen. Nicht nur, dass sich meine gesamte Persönlichkeit enorm verändert hatte, ich fühlte mich nun endlich mit mir und in mir absolut wohl. Selbstbewusst und schlagfertig konnte mir so schnell niemand mehr etwas anhaben und ich hatte auch keine Panikattacken mehr, wenn ich daran dachte, vor einer großen Menschenmenge sprechen zu müssen.

Immer wieder konnte ich Freunden und Arbeitskollegen helfen, die ebenfalls unter dem Problem litten. Hier merkte ich, dass meine eigens entwickelte Methode wirklich Erfolg hatte. Auch meine Freunde und Bekannten waren begeistert und mehr als einmal hörte ich, warum ich denn nicht ein Buch zu diesem Thema schreibe. Gerade viele Arbeitskollegen hätten eben gerne etwas in der Hand, wo sie auch immer wieder nachblättern würden und Notizen dazu machen könnten.

Gesagt, getan, ich setzte mich also an die Arbeit und überarbeitete zudem noch meine entwickelten Konzepte. Es wurde gefeilt und konstruiert, die Thesen und Übungen am lebenden Objekt ausprobiert - und herausgekommen ist dieses Buch, das dich nun mit einem Augenzwinkern, aber auch viel Liebe und Empathie dabei begleiten soll, schlagfertiger und selbstbewusster zu werden.

Gerade in der heutigen Zeit ist es enorm wichtig, schlagfertig zu sein und egal ob im privaten oder beruflichen Umfeld, nur wer sich durchsetzen kann, der gewinnt. Wer niemals den Mund öffnet, der erreicht nichts. Nur wer es vermag, sich selbstbewusst auf die Beine zu stellen, der setzt sich heute im starken Konkurrenzkampf durch.

Schnell wird man zum Opfer, wenn man sich nicht wehrt. Wer immer zu allem ja und Amen sagt, der läuft in Gefahr, immer der letzte in der Nahrungskette zu bleiben. Ob Mobbing oder Angriffe von Hatern, dies kann ganz schnell die Lust an der Arbeit oder dem Leben generell nehmen.

Wenn du schlagfertig und selbstbewusst bist, dann läufst du auch weniger schnell in Gefahr depressiv zu werden oder in ein Burn-out zu fallen. Du bist mit dir und deinem Leben absolut zufrieden. Du hast zu dir gefunden und nichts und niemand kann dir etwas anhaben.

Daher ist dieses Buch so aktuell wie nie. Was damals wichtig war, hat heute nicht an Bedeutung verloren. Ganz im Gegenteil. In einer Zeit, in der alles schnelllebig ist und jeder im Nu ersetzt werden kann, setzten sich eben nur die Stärkeren durch.

Es ist natürlich einfach, immer und überall einfach darauf loszubrüllen. In diesem Buch aber lernst du, dass es auch wichtig ist, deine Schlagfertigkeit und dein Selbstbewusstsein schlau und vor allem sympathisch einzusetzen. Dennoch sollst du immer fähig sein Kontra zu bieten und du kannst ruhig zeigen, dass du nicht auf den Mund gefallen bist.

Das Buch soll dir dabei helfen, dass du dich insgesamt wohler in deiner Haut fühlst und dies auch so nach außen transportieren kannst. Dadurch wirst du nicht nur beruflich erfolgreicher, es klappt auch in allen anderen Sparten besser. Egal ob mehr Erfolg im Zwischenmenschlichen oder auch auf sportlicher Ebene. Mit Schlagfertigkeit, Kommunikationsfähigkeit und Selbstbewusstsein erreichst du einfach mehr im Leben und bist dadurch im Endeffekt auch rundum zufrieden.

Zur Vorbereitung solltest du dir ein kleines Notizbuch besorgen. Darin vermerkst du die Übungen und beantwortest die Fragen, die zwischendurch immer wieder gestellt werden. Das Notizbuch ist auch später toll, da du so deine eigenen Erfolge messen und vergleichen kannst. Zudem findest du in diesem Buch ein tolles Quiz zum Thema Schlagfertigkeit und eine Liste mit den 100 typischsten Situationen, in welchen du Schlagfertigkeit ganz dringend benötigen kannst.

Mit diesem Buch hast du nicht nur einen spannenden Ratgeber, sondern auch ein praxisorientiertes Buch mit vielen Übungen. Mir war einfach wichtig, das Thema Schlagfertigkeit als Ganzes zu betrachten und das Problem von allen Seiten anzugehen. Es reicht nämlich nicht, sich nur witzige und spontane Antworten anzueignen, wenn das ganze Verhalten alles andere als selbstbewusst und schlagfertig ist.

Nun bleibt mir nichts andere mehr übrig, als dir viel

Spaß beim Lesen zu wünschen. Garantiert wirst du schon bald die ersten Erfolge bemerken. Wichtig ist, dass du immer am Ball bleibst und ständig übst. Deine Schlagfertigkeit ist sowas wie ein Muskel und wird mit immer mehr Training auch größer. Genauso aber verkümmert diese auch wieder, wenn du sie nicht benutzt. In diesem Sinne - auf und sag der Welt, was du zu sagen hast.

KAPITEL 2

Das kommunikative Fundament

DAS KOMMUNIKATIVE FUNDAMENT

IN DIESEM KAPITEL GEHT es um Kommunikation im Allgemeinen. Zur Kommunikation gehören eben auch Körpersprache, Körperhaltung, Mimik, Gestik und Rhetorik. Einen ersten Schritt kannst du bereits im Vorfeld unternehmen. Sieh zu, dass du dein Allgemeinwissen aufbesserst. Lies viel, höre dir die Nachrichten an und sei einfach informiert. Wer ein breites Wissen hat, der kann auch überall mitreden. Sei einfach interessiert in vielen Bereichen und blicke auch einmal über den Tellerrand hinaus.

Auch Reisen bildet. Du musst jetzt nicht unbedingt alle Kontinente bereisen, das könnte ganz schön an die Finanzen gehen. Es reicht durchaus, wenn du dir zum Beispiel im TV Dokumentationen über fremde Kulturen ansiehst oder Bücher über fremde Länder liest. Reiseführer und Magazine sind hier ganz toll. Nicht nur, dass du dir so ein breites Wissen aneignest.

Weitere Themen, die immer gut sind, sind Musik, Tiere, Wissenschaft, Naturheilkunde, kochen und Kulinarik, aber auch Psychologie und Religionen. Du musst nicht alle Hits kennen, die heute angesagt sind, aber du kannst dir ein Wissen in einer bestimmten Musikrichtung wie Blues oder Jazz aneignen. Interessiere dich für Tiere, die zum Beispiel bedroht sind und lies dich über die neuesten Studien der Naturheilkunde ein. Es gibt so viele Dinge und Themen, mit denen du ein Gespräch am Laufen halten kannst. Wichtig ist nur, dass dir selbst nie der Gesprächsstoff ausgeht. Je mehr du weißt und für je mehr Dinge du dich interessierst, um so geringer wird die Chance, dass du einmal nichts zu einem Thema beisteuern kannst. Werde zu einer Person, bei der alle staunend sagen: „Wow, bewundernswert, was die/der alles weiß."

Warum Schlagfertigkeit so wichtig ist

Wenn du schlagfertig bist, dann kann dich so schnell nichts überraschen oder überrumpeln. So gerätst du auch nicht in Gefahr, die Kontrolle über eine Situation zu verlieren. Egal ob dich jemand mit einem lockeren Spruch auf den Lippen übergehen will oder ob sich jemand über dich lustig macht - wenn du schlagfertig reagierst, dann nimmst du deinem gegenüber meist den Spaß, verwirrst ihn und du kannst sofort die richtige Ordnung wieder herstellen.

Wenn du schlagfertig bist, dann bist du keine Marionette, sondern hast die sogenannten Fäden selbst in der Hand. Zudem hat Schlagfertigkeit auch positive Effekte auf deine Gesundheit. Wenn dir nicht spontan eine Antwort einfällt und du immer einsteckst, dann ärgert dich dies verständlicherweise. Ärger aber ist nicht gut für Körper, Geist und Seele und wenn du ständig deinen Ärger in dich hineinfrisst, dann kannst du dadurch sogar ein Ma-gengeschwür oder Schlimmeres bekommen.

DAS KOMMUNIKATIVE FUNDAMENT

Auch für dein Selbstwertgefühl ist Schlagfertigkeit enorm wichtig. Du fühlst dich einfach besser, wenn du kontern kannst und nicht immer angezählt wirst oder gleich k.o zu Boden gehen musst. Auch respektieren dich deine Mitmenschen garantiert mehr, wenn du deine Meinung sagen kannst und dies auch spontan und schlagfertig. Alle werden dich ernst nehmen und sich in Zukunft eher hüten, dich mit dummen Sprüchen zu belästigen.

Du setzt dich überall besser durch, wenn du schlagfertig bist. Denn wenn du rasch konterst, dann denkt niemand daran, dich unterbuttern oder gar ausnützen zu können. Du wirkst dadurch stark und sicher. Mit deinen Argumenten überzeugst du deine Mitmenschen, vor allem dann wenn du dich an meine Regeln hältst und immer fair und respektvoll bleibst.

Oft gibt es Menschen, die sind zwar sehr schlagfertig, meist sind die Antworten jedoch unter der Gürtellinie. Lasse dich auf keinen Fall auf dieses Niveau herab. Nur so gewinnst du auch den Respekt der anderen und kannst sie in positivem Sinne beeinflussen. Wichtig ist auch, dass du dich um schlagfertig zu sein, von kompliziertem Denken verabschiedest. Gerade in solchen Situationen gilt es, schnell zu reagieren. Nur durch kurze und knappe Antworten erreichst du auch dein Gegenüber. Die schlagfertigen Antworten müssen also immer einfach gestrickt, knapp, knackig und prägnant sein. Wie ein Peitschenschlag sollen deine Antworten sitzen - und auch beeindrucken.

DAS KOMMUNIKATIVE FUNDAMENT

Körpersprache und Schlagfertigkeit

Du fragst dich jetzt sicher, was die Körpersprache mit Schlagfertigkeit zu tun haben soll. Denn bei Schlagfertigkeit kommt es doch darauf an, dass so schnell als möglich Worte aus dem Mund geschossen kommen. Ja das ist schon richtig, aber die Worte können auch absolut falsch ankommen, wenn die Körpersprache dazu nicht stimmt. Gerade wenn die Phrasen nur auswendig gelernt sind und du nicht wirklich selbstbewusst und schlagfertig bist, das ganze sozusagen nur „fakest", verrät dich deine Körpersprache im Nu.

Umgekehrt aber kann dich die Körpersprache in vielen Situationen retten und über kleine Unsicherheiten hinwegtäuschen. Auf eine starke Körpersprache reagieren sehr viele stark und du wirkst dadurch ebenfalls sehr selbstbewusst und so, als würdest du jemand sein, den so schnell nichts aus der Fassung wirft.

Stell dir nun vor, du antwortest schlagfertig auf eine dumme Aussage deines Kollegen. Wie sieht es dabei mit deiner Körpersprache aus? Drehst du dich eher weg und gibst die Antwort eher nebensächlich und möchtest am liebsten, dass niemand deine Antwort hört? Hast du eigentlich Angst davor, wie dein Gegenüber auf deine Antwort reagieren könnte und verängstigt dich gerade deine eigene Courage?
Du musst nichts befürchten. Jeder hat das Recht auf seine eigene Meinung und solange du freundlich, höflich und respektvoll bleibst, musst du dich vor nichts fürchten und dich auch für nichts schämen.

DAS KOMMUNIKATIVE FUNDAMENT

Wenn du also antwortest, blicke deinem Gegenüber in die Augen. Senke dabei auf keinen Fall den Kopf, sondern halte dem Blick stand. Drehe deinem gegenüber auch den Körper zu. Die Schultern sind ebenfalls deinem Gesprächspartner zugewandt, ebenso wie die Fußspitzen. Du stehst am besten aufrecht da, oder sitzt mit geradem Rücken und hoch erhobenem Kopf. Du kannst dich bei deiner Antwort auch ruhig ein Stück größer machen. Das unterstreicht, dass du voll und ganz hinter deiner Aussage stehst.

Stell dir vor, jemand gibt dir eine schlagfertige Antwort, dreht sich aber dabei weg. So bekommt man doch das Gefühl, dass die Antwort auch gar nicht so ernst gemeint sein kann. Erinnerst du dich noch an die Werbung, in der die Kinder ganz leise Fruchtzwerge flüsterten, nur um nicht teilen zu müssen. Genauso unecht kommt deine Antwort rüber, wenn die Körpersprache zu deiner Aussage nicht stimmt.

Spiel nicht nervös mit deinen Fingern. Du kannst die Hände zu Beginn ruhig immer in die Hüften stemmen, um deine Aussagen zu unterstreichen. Dies ist auch eine gute Übung, die du täglich vor dem Spiegel absolvieren kannst. Nimm dir täglich ein oder zwei Fragen oder Aussagen mit einer prägnanten und schlagfertigen Antwort vor und spiele eine Szene vor dem Spiegel. Dazu stemmst du immer die Hände in die Hüften.

Du kannst die Aussage zusätzlich mit einem kleinen, aber sehr bewussten Nicken unterstreichen. Blicke dabei beim Üben auch direkt in die Augen deines Spiegelbilds und senke dabei auf keinen Fall den Blick. Recke die Brust leicht heraus,

DAS KOMMUNIKATIVE FUNDAMENT

so wirkst du automatisch etwas größer und mächtiger.

Damit du gleich zu Beginn eine schöne Übung hast, wollen wir gleich mit einigen Fragen und Antworten beginnen, die du vor dem Spiegel nachspielen kannst. Es ist wichtig, dass du von Anfang an auch praktische Übungen absolvierst. Nur so geht das Gelesene auch gleich in Fleisch und Blut über und du hast von Anfang an das richtige Gefühl und merkst, wie es sich anfühlt, wenn du selbstbewusst und schlagfertig bist.

Aus unserer Liste mit den 100 typischen Situationen kannst du jederzeit einige Antworten herauspicken und diese vor dem Spiegel üben. Vergiss dabei nicht, dass du nicht nur die Sätze auswendig lernst, sondern diese auch verinnerlichst. Sie sollen nicht auswendig gelernt und herunter geleiert wirken. Auch achte immer darauf, dass auch die Körpersprache dazu passt. Steh hinter deinen Aussagen und zeige dies mit jeder Faser deines Körpers.

Versuche niemals, dich zu rechtfertigen, wenn es nichts gibt, wofür du dich rechtfertigen müsstest. Gerade bei falschen Beschuldigungen oder kleinen Gemeinheiten, die dir an den Kopf geworfen werden ist es immer besser, dem Gegenüber einfach recht zu geben. Wie das gemeint ist? Hier einige Beispiele dafür.

Wenn dir jemand vorwirft zu langsam zu sein, stell dich aufrecht hin und antworte: „Ja natürlich, ich arbeite schließlich gewissenhaft und nicht fehlerhaft". Wenn jemand behauptet, dass du für die Arbeit absolut nicht qualifiziert oder inkompetent bist dann antworte: „Ja, ich habe den Job auch nur bekommen, weil er per Lotterieziehung vergeben wurde."

Diese Antworten können ruhig etwas sarkastisch oder überzogen sein. Vergiss aber nie freundlich zu bleiben. Auch wenn du sarkastisch bist, musst du nicht gleichzeitig böse, ekelhaft oder gemein sein. Auch Sarkasmus kann stilvoll und mit Niveau vermittelt werden.

Erste Szenen für die Übung vor dem Spiegel

Sehr oft kommt es ja vor, dass man, gerade, wenn man etwas schüchtern ist, rot wird. Dies ist alleine schon unangenehm, aber es gibt immer Menschen, die darauf noch extra herumreiten und mit leichter Schadenfreude erwähnen. Auf den dummen Satz: „Na, du wirst ja rot" kannst du schlagfertig antworten: „Ja soll ich etwa grün oder gelb werden? Mir ist weder übel noch bin ich auf dich neidisch."

Stell dich nun vor den Spiegel und spiel diese Situation immer wieder durch. Vergiss nicht, dass du deinem Gegenüber dabei in die Augen schaust. Egal, ignoriere die heißen und brennenden Wangen. Am besten du gibst ihnen gar keine Beachtung. Du kannst den Satz auch mit einem kleinen Lachen unterstreichen. Hebe dein Kinn leicht an und zucke mit den Schultern. Dein Gegenüber soll sehen, dass du kein Problem damit hast, rot zu werden. Durch das Lachen und das Schulterzucken zeigst du auch, dass du dich absolut nicht schämst. Warum denn auch, es gibt nichts, wofür du dich schämen müsstest. Du kannst auch die Augen dabei

DAS KOMMUNIKATIVE FUNDAMENT

etwas größer machen und die Augenbrauen dezent nach oben ziehen. Vergiss aber niemals auf das Lächeln, das du bei dieser Antwort auf den Lippen haben sollst. Beobachte dich dabei, dass du freundlich dreinblickst. Es ist ein No-go eine schlagfertige Antwort zu geben und dabei arrogant oder hochnäsig dreinzublicken. So wird die Schlagfertigkeit schnell in die Kategorie frech abtreiben - und dies ist nicht nur unsympathisch, sondern auch unprofessionell.

Diese Szene übst du nun jeden Tag, gerne auch mehrmals. Du kannst immer wieder andere Tonfälle und andere Gesichtsausdrücke üben. So lange, bis du dir ganz sicher bist und bis du mit deiner schlagfertigen Antwort auch 100%-ig zufrieden bist.

Oft kommt es vor, dass jemand etwas von dir will, und du sagst nein. Manche Leute haben aber das Talent, das Nein ganz konsequent zu überhören. Das kommt auch häufig in der eigenen Familie vor. Seien es die Kinder oder die Geschwister, aber auch der Partner, die einfach über die Wünsche hinweggehen, als wäre nichts geschehen. Hast du dies bis jetzt schweigend hingenommen und am Ende erst recht wieder das getan, was von dir verlangt wurde? Neigst du dazu, den Kindern dennoch ein Stück Kuchen abzuschneiden, obwohl dieser für den nächsten Tag für den Besuch gedacht wäre? Übernimmst du die Arbeit der Kollegen, obwohl du absolut keine Zeit und Lust darauf hast und sagst du zum Partner auch im Bett ja, obwohl es gerade so gar nicht passt?

In all diesen Fällen kannst du dich aufrichten und deinem Gegenüber in die Augen blicken. Greifen die Kinder zum Kuchen, obwohl du es verboten hast, so tippe ihnen auf die Finger und frage sie, welchen Teil von deinem Nein sie nicht verstanden haben. Gib den Kollegen den Stapel Akten zurück und frage dasselbe. Dreh dich zu ihnen hin, schau ihnen freundlich aber bestimmt in die Augen und lass es nicht zu, dass alle die ungeliebten Arbeiten auf dich abwälzen.

Auch im Bett kannst du deinen Partner liebevoll aber bestimmt fragen, ob er dein nein nicht gehört hat, oder es einfach nicht akzeptieren möchte.

All diese Situationen kannst du zuerst vor dem Spiegel durchspielen. Das Trockentraining hilft dir sicher zu werden. Je öfter du trainierst und übst, um so besser geht es dir in Fleisch und Blut über und du hältst automatisch zu deiner schlagfertigen Antwort den Körper gerade und zeigst eine gute Körpersprache. Im Spiegel kannst du ständig kontrollieren, dass du dich bei der Antwort auch nicht klein machst. Dies ist besonders wichtig, wenn dich dein gegenüber ernst nehmen soll.

Körperhaltung und Selbstbewusstsein

Was aber genau ist Körperhaltung und wie soll sie die Schlagfertigkeit und das Selbstbewusstsein unterstreichen? Zuerst wollen wir nun deinen Ist-Zustand analysieren. Wie sitzt du in der Arbeit meist da? Wenn du in einer Schlange anstehst, wie stehst du? Wie ist deine Körperhaltung im Allgemeinen? Wie trägst du deinen Kopf? Wie hältst du deine Hände und wie sieht es mit den Füßen aus? Geh in dich und notiere alles ganz unverblümt und ehrlich.

DAS KOMMUNIKATIVE FUNDAMENT

Viele, die wenig selbstbewusst und so gar nicht schlagfertig sind, haben auch eine schlechte Körpersprache. Jede Faser des Körpers unterstreicht die Unsicherheit und genau daran sollten wir zu allererst arbeiten. Verabschiede dich von deinem Rundrücken. Sieh in den Spiegel und achte darauf, dass dein Rücken absolut gerade ist. Mit einem Schildkröten Rücken wirst du vor niemandem Eindruck machen können. Das klingt hart, ist jedoch die Realität.

Für eine gute Haltung gibt es eine kleine und einfache Übung, die du jeden Tag in der Früh durchführen kannst. Stell dich dazu aufrecht hin, drücke deine Brust raus und halte den Kopf gerade. Nun streckst du die Arme nach oben. Es soll mit den Armen links und rechts vom Kopf ein V gebildet werden. Nun atmest du tief ein und aus und versuchst 5 Sekunden absolut ruhig zu atmen. Nun sagst du ein paarmal hintereinander das Mantra: „Ich bin schlagfertig, selbstbewusst und stark".

Diese kleine Übung kostet dich in der früh nicht viel Zeit und wird dir bald in Fleisch und Blut übergehen. Du wirst aber schnell bemerken, welch große Wirkung dieses morgendliche Ritual hat. Der tägliche kleine Reminder an eine aufrechte Haltung und die Autosuggestion erfüllen garantiert ihren Zweck.

Mit der richtigen Körperhaltung wirkst du nicht nur glaubhafter, sondern auch attraktiver. Hängende Schultern zum Beispiel suggerieren immer Schwäche und Unsicherheit. Das willst du deinem Gegenüber doch sicher nicht vermitteln. Auch wenn du dich in Wirklichkeit unsicher fühlst, so sollen deine Mitmenschen dennoch denken, dass du stark und zuversichtlich bist. Denk hier doch einmal an das Tierreich. Die schwächsten Tiere machen oft die beeindruckendsten Drohgebärden und jagen so gefährliche Fressfeinde in die Flucht.

Zudem ist eine gute Haltung auch für deine Gesundheit gut. Nicht nur, dass es sich positiv auf deine Psyche und dein Mindset auswirkt. Bei einer guten und aufrechten Haltung sind die Chancen geringer, dass du später unter Fehlhaltungen und Fehlstellungen leidest. Bandscheiben-vorfälle, Hüftprobleme und mehr können zu einem hohen Anteil vermieden werden, wenn du auf deine Haltung achtest. Du siehst, unser Körper ist perfekt eingestellt. Sämtliche Aspekte gehen Hand in Hand und kein einziger Körperteil, egal ob auf psychischer oder physischer Ebene ist eine Insel. Alles wirkt auf etwas anderes ein und zusammen ist unser Körper ein atemberaubendes Wunder.

Wenn du nun weißt, wie du die einzelnen Elemente optimieren kannst, dann ist das natürlich perfekt. Nimm also die Körperhaltung wirklich ernst. Nicht umsonst heißt ein Spruch: „Auch die Haltung wird bewertet". Das bedeutet, wenn du zum Beispiel eine Rede vor deinen Mitarbeitern hältst und dabei mit hängenden Schultern über die Bühne schlurfst, wirst du niemals so viel Eindruck machen, als wenn du aufrecht und stark auf der Bühne Position beziehst.

Die Körperhaltung dient auch dazu, die Balance zu halten. Dabei ist nicht nur die körperliche, sondern auch die innere Balance gemeint. Stehst du aufrecht und gehst du aufrecht durchs Leben, so werden deinem Gehirn Informationen gesendet, durch die du dich automatisch besser fühlst. Hängende Schultern und schlechte Haltung senden Informationen von Traurigkeit oder Unsicherheit an dein Gehirn.

Körperhaltung ist für alle Bereiche des Lebens wichtig. Denk doch daran, wenn du Sport betreibst, dann achtest du doch auch auf deine Haltung. Es geht nicht ohne, weder beim Bowling, beim Tennis, beim Golf oder beim Laufen. Dabei ist es auch nicht wichtig, ob du den Sport als Hobby oder professionell ausführst. Ohne die richtige Haltung wird es nichts.

Spielst du ein Instrument, so ist es auch wichtig, die richtige Haltung einzunehmen. Du kannst nicht irgendwie Gitarre, Geige oder Klarinette spielen und die Instrumente halten, wie dir in den Sinn kommt. Und wie die Instrumente, so muss auch dein Körper perfekt gehalten werden, damit er ordentlich arbeitet und klingen kann.

Du machst automatisch mit einer guten Körperhaltung einen besseren Eindruck. Stell dir vor, du gehst zu einem Speed Dating. Die potentiellen Partner stehen dir gegenüber und manche haben eine aufrechte Haltung, während andere mit hängenden Schultern, krummem Rücken und unkoordinierten Beinen dastehen. Zu wem denkst du, fühlt man sich eher hingezogen?

In zahlreichen Studien wurde erforscht, welche Merkmale uns am meisten beeinflussen. Und natürlich kannst du am besten mit Inhalt, Stimme und Körperhaltung überzeugen. Fast etwas überraschend jedoch ist, dass mit 55%

DAS KOMMUNIKATIVE FUNDAMENT

die Körperhaltung am wichtigsten ist. Die Stimme trägt zu 38% dazu bei, dass du gut bei anderen ankommst und nur 7% wurden dem Inhalt zugeschrieben.

Das beweist auch, warum die Politiker, die den größten Mist erzählen, oft den besten Zuspruch erfahren. Das kommt daher, dass diese Menschen eine perfekte NLP Schulung durchlaufen. Und zu dieser gehört unter anderem auch die perfekte Körperhaltung. Hier wird nichts dem Zufall überlassen und jeder weiß genau, wie die Hände gefaltet werden müssen, wie man mit Bewegungen auf der Bühne überzeugt. Natürlich spielen hier noch viel mehr Funktionen mit - auch die Farben der Kleidung, jedes Lachen und jede Betonung, jede Lautstärke und jede Suggestivfrage ist hier genau durchplant und durchdacht.

Auch sind diese Menschen perfekt geschult, wenn es darum geht, auf Fragen zu reagieren. Und Menschen, die viel in der Öffentlichkeit agieren haben ein großes Repertoire an schlagfertigen Antworten. Vergiss auch nicht, dass durch eine gute Körperhaltung deine Stimme unterstützt und verbessert wird. Durch eine gute Haltung stützt du die Stimme und auch eine gute Atmung trägt viel dazu bei. Jeder Sänger inkludiert in sein Stimmtraining auch ein Haltungstraining.

Die Körperhaltung zeigt auch sofort, wie du dich fühlst. Denk jetzt an verschiedene Stimmungen. Stell dir einen fröhlichen Menschen vor und einen traurigen oder depressiven Menschen. Wie stehen diese da, wie bewegen sie sich und wie sieht deren Körperhaltung aus. Stimmt, bei traurig und depressiv denkst du sofort an eine eingefallene Körperhaltung

DAS KOMMUNIKATIVE FUNDAMENT

und einen krummen Rücken, während der fröhliche Mensch vor deinem geistigen Auge gerade durchs Leben geht, die Hände nach oben reißt und strahlend „Hurraaa" ruft.

Du kannst deine Gefühle und deine Stimmung auch mit der Körperhaltung beeinflussen. Ja, das geht wirklich, da das Gehirn nur die Signale verarbeitet. Nimmst du eine Haltung ein, die Freude und Stärke suggeriert, dann ist dein Gehirn auch automatisch auf Freude und Stärke programmiert.

Die Körperhaltung beeinflusst auch direkt die Stimmung. Dies wurde während einer Studie an der Universität von Harvard festgestellt. Während bei einer Probandengruppe mit aufrechter und positiver Körperhaltung vermehrt Testosteron im Blut festgestellt wurde, so wurde bei den Probanden mit eingefallener und verkrampfter Körperhaltung vermehrt das Stresshormon Cortisol nachgewiesen. Dies ist doch verblüffend und sollte uns allen zu denken geben.

Menschen mit hohem Testosteron und niedrigem Cortisol Spiegel sind selbstbewusst und strotzen nur so vor Willenskraft. Hierbei handelt es sich um Löwen und Führungskräfte, die Spaß am Leben haben und Freude daran, sich am Leben zu beteiligen.

Ein weiterer Vorteil einer ordentlichen Körperhaltung ist die Sauerstoffversorgung. Wenn deine Körperhaltung aufrecht und gestreckt ist, dann nimmst du automatisch Sauerstoff besser auf. Dadurch wird das Gehirn besser durchblutet, deine Haut wirkt rosiger und Müdigkeit verschwindet fast automatisch. Darum ist es auch so wichtig, dass du dich ordentlich durchstreckst, wenn du müde wirst. Erkennst du nun die Zusammenhänge?

Wenn du immer gekrümmt stehst und gehst und deinen Rücken nie korrekt durchstreckst, dann leiden auch deine Organe darunter. Die inneren Organe werden durch die schlechte Haltung eingequetscht. Dadurch kann es auch zu schwerwiegenden Verdauungsproblemen kommen. Hierauf solltest du auch im Sitzen achten. Viele sitzen gerade am Schreibtisch unheimlich gekrümmt. Lymphe werden dadurch abgeklemmt, es kann zu Stauungen und Wassereinlagerungen kommen. Du wirst mit einer guten und aufrechten Körperhaltung besser mit Sauerstoff und mit Energie versorgt. Denk also immer wieder daran, wenn du die Schultern oder den Kopf hängen lassen willst.

Korrigiere deine Körperhaltung immer wieder. Beobachte dich, wenn du an einem Spiegel oder einem Schaufenster vorbeigehst und nimm auch im Sitzen eine gerade Position ein. Nach einiger Zeit wirst du immer weniger Korrektur benötigen. Vielleicht merkst du auch schnell, dass plötzlich deine Rückenschmerzen verschwunden sind. Das liegt daran, dass sich Muskeln und Knochen, sowie Wirbel und Sehnen so voll entfalten können und an ihrer angedachten Position sind. Gleichzeitig wirkt sich jedoch eine aufrechte Körperhaltung auch psychisch auf das Schmerzempfinden aus. Bei einer aufrechten Haltung klingen Schmerzen automatisch ab. Natürlich wirst du starke und chronische Schmerzen nicht nur durch eine aufrechte Haltung los werden. Eine Verbesserung wird aber garantiert eintreten.

Die Ursache für eine schlechte Haltung ist meist nur eine schlechte Angewohnheit. Du hast es dir zur Angewohnheit gemacht krumm zu sitzen oder zu stehen. Dies lässt sich mit Konsequenz ganz einfach wieder korrigieren. Du musst es nur wollen, und wirklich dahinter sein. Vor allem muss dir bewusst werden, welche Vorteile dir eine gute Körperhaltung bringt. Wenn deine Muskeln schon so verkürzt sind, dass deine Haltung automatisch schief ist, dann gilt es schnell zu handeln. Doch auch hier ist es noch nicht zu spät, wenn du konsequent deine Muskeln und Sehnen streckst, trainierst und eben noch strenger deine Körperhaltung kontrollierst. Oft müssen die Muskeln im Rücken und im Bauch besser trainiert werden. Dann klappt es auch mit der guten Haltung.

Mimik, Gestik und Worte richtig einsetzen

Somit hast du nun gelernt, dass Schlagfertigkeit ein komplexes Thema ist, welches du mit vielen anderen Dingen kombinieren solltest. Deine Mimik spielt ebenfalls eine große Rolle. Wir haben hier schon besprochen, dass es schwierig ist, schlagfertige Antworten immer freundlich und positiv zu transportieren. Daher ist es wichtig, dass du deine Mimik optimal einsetzt.

Die Mimik, also dein Mienenspiel spiegelt deine Emotionen wieder. Wenn du deine Mimik kontrollieren kannst, dann schaffst du es auch, dass dir dein Gegenüber nicht sofort alle Gefühle vom Gesicht ablesen kann. Die Miene kann somit auch als nonverbales Kommunikationsmittel bezeichnet werden. Wenn es darum geht, deine Sätze zu unterstreichen ist dies besonders wichtig.

Du kannst zum Beispiel nicht behaupten etwas würde dir besonders gut schmecken, wenn dein Gesicht gleichzeitig das pure Schaudern verrät. Du kannst nicht liebevoll und verzeihend sprechen, wenn die Stirn gerunzelt ist und auch der vergnügte Ton in deiner Stimme wird sofort von zusammengekniffenen Augen und einer verärgerten Mimik verraten.

Versuche also auch, deine Gesichtsmuskeln immer unter Kontrolle zu haben. Achte dabei vor allem auf die Augen, die Stirn und die Partie rund um den Mund. Betrachte dich dafür ruhig wieder im Spiegel und spiel die verschiedensten Emotionen durch. Mach ein ernstes, ein trauriges, ein verliebtes und ein vergnügtes Gesicht. Sprich verschiedene Sätze und lass sie vom passenden Gesichtsausdruck begleiten. Unterstreiche deine Aussagen mit der richtigen Mimik.

Ich selbst hatte immer das Problem, dass man mir alles sofort vom Gesicht ablesen konnte. Nicht nur, wenn ich meine Augen verrollte, sondern auch Augenfalten, Mund und Stirn schienen ein Eigenleben zu führen. Das war natürlich gerade zu Beginn meiner Übungen für mehr Schlagfertigkeit kontraproduktiv. Wie will man eine schneidende Antwort geben, wenn die Augen Hemmung verraten. Wie soll man etwas lustig und freundlich vermitteln, während sich die Stirn in Falten legt und die Augen verkniffen werden. Daher waren die täglichen Übungen vor dem Spiegel eine enorme Hilfe für mich. Nun ist es soweit, dass ich jederzeit Emotionen abrufen und diese auch mit meiner Mimik übereinstimmen kann.

Achte immer darauf, dass dein Gesichtsausdruck

lebendig ist. Nichts ist schlimmer als eine eingefrorene, steife Maske. Auch ist es wichtig, dass du dich immer um eine positive Mimik bemühst. Das Einfachste ist, zu lächeln. Versuche einfach, dass dir deine Gesichtszüge nicht entgleisen und dass die Mimik zu deinen Worten, zu deiner Körperhaltung und auch zu den Gefühlen passt, die du vermitteln möchtest.

Mit deiner Gestik unterstreichst du alles zusätzlich. Hier spielen die Bewegungen von Händen, Armen, aber auch vom Kopf zusammen. Mit deinen Gesten kannst du zusätzlich deine Worte unterstreichen und deine Mimik begleiten. Auch die Gestik zählt zur nonverbalen Kommunikation und ist ein Werkzeug, um deinen Worten noch mehr Kraft zu verleihen.

Mit einem Kopfnicken kannst du zum Beispiel deine Zustimmung unterstreichen. Mit affektiven Gesten drückst du deine Emotionen aus. Vor dem Köper verschränkte Arme sind mitunter eine Geste, die Abweisung und Abneigung darstellen. Mit einem Schulterzucken kannst du eine Frage untermalen und immer gut kommt es, wenn du eine schlagfertige Antwort mit Klatschen begleitest. Es muss natürlich zum Thema passen - ein Beispiel dafür:

Wenn jemand behauptet er könnte alles besser als du, dann antworte: „Na, da gratuliere ich aber herzlich". Dazu kannst du auch ruhig klatschen, achte aber darauf, dass du nicht zu überheblich und arrogant wirkst. Ein bisschen ist schon in Ordnung, es soll jedoch im Rahmen bleiben.

Mit einem auffordernden Nicken oder einer Bewegung mit dem Kinn kannst du dein Gegenüber motivieren, über alles noch einmal nachzudenken. So unter dem Motto: „Und, was sagst du nun?" Du kannst deinem Gegenüber deine leeren und nach oben gerichteten Handflächen zeigen und antworten: „Ich bin unbewaffnet, ich will dir nichts Böses". Dies passt in alle Situationen, in welchen du ungerechtfertigt angefeindet wirst. So kannst du auch ein erzürntes oder aufgeregtes Gegenüber beruhigen oder beschwichtigen.

Zur Mimik und zur Gestik kommen nun auch die passenden Worte. Vergiss nicht, dass du auch hier das Zusammenspiel von Worten, Mimik und Gestik vor dem Spiegel übst. Mir selbst hat dies immer sehr viel geholfen und noch heute spiele ich die verschiedensten Situationen vor dem Spiegel durch. Vor allem, wenn ich eine Rede halten muss, oder ein neues Programm für einen Vortrag einstudiere.

Die richtigen Worte zu finden ist einfacher als du vielleicht denkst. Du musst nur deine Hemmungen abwerfen und einfach drauf losreden. Natürlich lernt man, eigentlich zuerst zu denken und dann erst zu sprechen. Doch wer zu lange überlegt und alles zu oft überdenkt, der hat verloren. Unsere Zeit ist schnelllebig und ebenso sind es die Gespräche und Unterhaltungen. Wer zu lange mit einer Antwort wartet, der läuft in Gefahr, dass der Gesprächspartner ungeduldig wird und das Gespräch für beendet erklärt.

Ist dies der Fall bleibst du stehen und fühlst dich blöd. Die Antwort liegt dir vielleicht auf den Lippen, du hast jedoch keine Chance mehr, sie an den Mann oder an die Frau zu bringen. Gewöhne dir daher an, auch beim Sprechen und Denken schneller zu werden. Nicht nur meine Tipps und

DAS KOMMUNIKATIVE FUNDAMENT

Tricks helfen dir dabei, auch Gehirnjogging ist eine wirkungsvolle Waffe. Egal ob Kreuzworträtsel oder Suchspiele - es ist alles wirkungsvoll, das den präfrontalen Cortex stimuliert.

Du solltest auf jeden Fall immer gut vorbereitet sein. Ich habe dir ja bereits geraten, dein Allgemeinwissen etwas aufzupeppen. Du kannst aber auch ganz spezifisch vorgehen, wenn es zum Beispiel immer ein Problem ist, mit deinen Arbeitskollegen zu sprechen. Wenn du hier immer einstecken musst und dir keine schlagfertigen Antworten einfallen, dann recherchiere einfach die Vorlieben deiner Arbeitskollegen. Lies dich über deren Lieblingssportarten oder Hobbys ein, dann hast du zumindest einen guten Ansatz und fühlst dich sattelfest. Ebenfalls ein heißer Tipp sind die Bücher der Reihe „Nutzloses Wissen". Gerade mit Fakten, die sonst kein Mensch weiß, und die skurril und außergewöhnlich sind, kannst du immer schlagfertig punkten.

Ein Beispiel dafür: Dein Boss wirft dir immer vor zu wenig zu arbeiten. Dann antworte doch: „Eine Biene erzeugt in ihrem ganzen Leben nur einen Löffel Honig und doch werden Bienen immer als besonders fleißig bezeichnet." Wirst du vielleicht ständig wegen deiner anderen sexuellen Orientierung aufgezogen und damit konfrontiert so antworte schlagfertig: „Auch jeder 10. Hamster ist schwul und ich habe noch nie von Vorurteilen unter den Hamstern gehört - warum klappt das bei den Menschen nicht?" So nimmst du den „Hatern" sofort den Wind aus den Segeln.

Rhetorik

Nun ist es nicht nur wichtig, dass du schnell reagierst, sondern auch wie du reagierst. Dafür kommen wir nun zur Rhetorik. Rhetorik ist die Kunst des Sprechens. Diese umfasst nicht nur das Gesprochene selbst, sondern vor allem wie es vorgetragen wird. Ganz wichtig ist in diesem Zusammenhang die Lautstärke. Versuche immer klar und deutlich, mit fester Stimme und in angemessener Lautstärke zu sprechen. Ein absolutes No-go ist Schreien. Egal wie sehr dich dein Gegenüber auch provoziert, lass dich niemals dazu hinreißen, ihn anzubrüllen. Denk immer daran, wer brüllt hat Unrecht. Dies könnte ebenfalls eine schlagfertige Antwort darauf sein, wenn dich ein Bekannter, ein Arbeitskollege oder auch ein Vorgesetzter anbrüllt. Hier musst du jedoch aufpassen, dass du den Schreihals nicht zusätzlich provozierst. Stell es einfach nüchtern und sachlich fest, blicke ihm tief in die Augen und dreh dich nach diesem Satz auch gerne weg und verlasse den Schauplatz. Garantiert fängt danach dein Gesprächspartner an zu denken.

Mir selbst haben meine Rhetorik Schulungen immens viel geholfen. Dadurch, dass ich im Sprachgebrauch sicherer wurde, fiel es mir auch viel einfacher schlagfertig zu sein. Mit deiner Sprache kannst du viel Einfluss auf deine Mitmenschen nehmen. Hör auf zu flüstern, denn das wirkt immer so, als würdest du deinen eigenen Worten selbst nicht trauen, nicht dahinter stehen und nicht ernst nehmen. Wenn dich andere hören und ernst nehmen sollen, dann müssen sie dich auch hören. Daher laut und deutlich, aber nicht zu laut.

DAS KOMMUNIKATIVE FUNDAMENT

Wenn jemand sehr garstig zu dir ist, kannst du deine schlagfertige Antwort auch bewusst langsam aussprechen und die Silben sehr stark betonen. Manche Menschen haben die Angewohnheit immer zu fragen: „Hast du mich verstanden?", obwohl sie den Satz bereits x-mal wiederholt haben. Du kannst hier zum Beispiel antworten: „Ich habe den Sinn bereits beim ersten Mal erfasst" - dies kannst du sehr langsam und sehr gedehnt aussprechen, so als würdest du mit jemandem sprechen, der unserer Sprache nicht völlig mächtig ist.

Für eine gute Rhetorik, also für die Kunst des guten Sprechens, ist es wichtig, dass du immer ein selbstbewusstes Auftreten zeigst. Egal wie du dich in Wirklichkeit fühlst, zeige dich selbstbewusst und präsentiere dich stark. Stell dich auf beide Beine und verlagere das Gewicht gleichmäßig. Steh leicht breitbeinig da und mach dich groß. Je mehr Masse du zeigst, um so mächtiger kommen später auch deine Worte an. Damit dies nicht unnatürlich wirkt, übe es ein paarmal vor dem Spiegel.

Sei immer vorbereitet und denk daran, kurze und prägnante Sätze zu verwenden. Sprich nicht zu schnell und nicht zu langsam. Betone die Worte und versuche keine Endungen zu verschlucken. Ganz wichtig auch ist, dass du normal sprichst. Das bedeutet, sprecht ihr generell im Dialekt, dann bleib auch bei deiner schlagfertigen Antwort im Dialekt. Es wirkt komisch, wenn nicht sogar lächerlich, wenn du dazu extra ins Hochdeutsche wechselst. Nur wenn du natürlich sprichst, dann wirkst du echt.

Nachdem du nun ausgiebig vor dem Spiegel geübt hast,

solltest du dich beim Reden auch aufnehmen. Das funktioniert heutzutage mit dem Smartphone ganz wunderbar. So kannst du nicht nur kontrollieren, ob du die richtige Körperhaltung und Körpersprache eingenommen hast, sondern du kannst dich im ganzen Konzept kontrollieren. Zudem merkst du sofort, wie du wirkst. Das erste Mal wird es dir wahrscheinlich etwas komisch vorkommen, jedoch gewöhnst du dich schnell daran. So kannst du wunderbar an deiner Technik, deiner Lautstärke, deiner Aussprache, dem Tempo, der Körperhaltung und dem Blickkontakt feilen.

Nimm jedoch diese Tipps ernst. Wenn du schlagfertig und selbstbewusst reden möchtest, dann musst du auch tatsächlich zu Hause üben. Es bringt nicht, nur diese Tipps zu lesen und alles im Kopf durchzuspielen. Sicher es ist ein Anfang, jedoch musst du auch die Praxistipps verfolgen. Wenn du das nicht machst ist es so, als würdest du Gitarre spielen lernen, ohne dabei ein Instrument in den Händen zu halten.

Wie du selbstbewusst vor anderen sprichst

Es ist egal, ob du vor einer Person oder vor einer versammelten Mannschaft sprechen sollst, die Vorbereitungen sind immer ähnlich. Es kommt immer auf die Vorbereitung an und die sollst du ernst nehmen, vor allem, wenn du noch nicht so routiniert bist. Auch ich bereite mich heute noch vor jedem geplanten, wichtigen Gespräch, vor jedem Meeting und natürlich vor jedem Vortrag vor.

Zu Beginn steht immer die Analyse der Zielgruppe. Einfach ist es, wenn du ein Gespräch mit dir Bekannten vor dir hast. Egal ob Arbeitskollegen, Freunde, Familie oder Boss, diese Menschen kennst du bereits und weißt wie sie ticken. Dadurch kannst du individuell auf deren Vorlieben eingehen und deine Rede so anpassen. Wenn du aber vor Fremden sprechen musst, dann solltest du die Zielgruppe so gut es geht analysieren. Welche Altersgruppe hat dein Publikum, sind es vorwiegend Männer, Frauen, Kinder, Arbeiter oder gehobenes Management? Danach musst du auch deine Sprache anpassen. Du kannst mit Jugendlichen nicht gleich sprechen wie mit der Führungsetage eines großen Konzerns.

Auch wenn du die Rede perfekt vorbereitet hast und alles glatt gelaufen ist, im Anschluss bleibt meist noch Zeit für Fragen des Publikums. Und genau hier kannst du dich nicht konsequent vorbereiten, da diese Fragen spontan kommen. Genauso spontan solltest du auch antworten können. Das funktioniert ganz einfach, wenn du mit dem Thema absolut vertraut bist. Egal über welches Thema du referierst, mach dich mit allen Daten und Fakten vertraut und informiere dich so gut es geht.

Sei auf alle Fragen vorbereitet, auch auf negative Fragen. Mache dir bereits bei der Vorbereitung eine Liste mit möglichen, unangenehmen Fragen. Versetz dich bei der Vorbereitung in die Lage der Opposition, egal worum es auch geht. Hältst du eine Rede zum Thema Naturheilkunde, dann mach dich auf Fragen von Verfechtern der Schulmedizin gefasst. Geht es beim Meeting um vegetarische Ernährung, dann kommen garantiert unzählige Fragen von militanten Fleischfressern. Ob zum Thema Nichtrauchen, Gesundheit, Umwelt, Bildung oder Arbeitsklima - immer gibt es die Möglichkeit, viele unangenehme Fragen zu stellen.

Mache dir immer eine Liste von mindestens 20 Fragen, besonders unangenehme Fragen. Spiele nun vor dem Spiegel das Frage und Antwort Spiel durch und versuche die Fragen souverän und schlagfertig zu beantworten. Gerade hier ist es wichtig, dass die Antworten wie aus der Pistole geschossen kommen. Auch „ähm" und unnötige Füllwörter sind bei diesen Antworten absolut Tabu.

Peppe deine Antworten mit Wörtern auf, die zur analysierten Zielgruppe passen. Wenn du dir über die Zielgruppe nicht sicher bist, nicht immer weiß man, mit wem man es im Publikum zu tun hat, dann bereite dir die Antworten in mehreren Varianten vor. Versuche jedoch kein Fach-Chinesisch zu verwenden und sei auch mit komplizierten Fremdwörtern sparsam. Vermeide auch lange und verschachtelte Sätze. Subjekt, Prädikat und Objekt, so ist der Sinn des Satzes für jeden einfach zu verstehen. Und nur was verstanden wird, kann auch verarbeitet und nachvollzogen werden.

Eine tolle Übung ist auch, wenn du die Rede einem guten Freund vortragen kannst. Dabei ist nicht die Rede selbst wichtig, sondern die anschließende Fragerunde. Bitte deinen Freund möglichst knifflige Fragen zum Thema zu stellen. Auch könnt ihr die von dir vorbereiteten Fragen verwenden. Durch dieses Training wirst du schlagfertig und hast auch keine Angst vor möglichen unangenehmen Fragen. Auch ich mache dieses Training mit Freunden heute noch sehr gerne. Gerade gute Freunde können besonders kritisch sein und unangenehme Fragen stellen. Das ist das beste Training, das du dir nur vorstellen kannst.

Wenn eine Frage besonders unangenehm oder für dich nicht nachvollziehbar ist, dann kannst du diese auch mit einer Gegenfrage beantworten. Ein Beispiel dafür: „Warum denken Sie, dass es so ist?". Während dein Gegenüber nun nach einer Antwort sucht, hast du etwas Zeit gewonnen und kannst ein paar Sekunden in Ruhe überlegen und nach weiteren Argumenten suchen. Bei schwirigen oder kniffligen Fragen musst du versuchen Zeit zu gewinnen, ohne dass es dein Gegenüber bemerkt.

DAS KOMMUNIKATIVE FUNDAMENT

Ihre kostenfreies Hörbuch

Dieses Buch können Sie als neuer Audible Nutzer kostenlos als Hörbuch genießen. Folgen Sie dem Link um sich dieses Hörbuch jetzt kostenfrei zu sichern:

https://link.cherrymedia.de/CM10AUDIO

KAPITEL 3

Grundregeln der Schlagfertigkeit

GRUNDREGELN DER SCHLAGFERTIGKEIT

IN DIESEM KAPITEL GEHT es darum, die Situationen richtig einzuschätzen und zu erkennen wann welche schlagfertigen Antworten angebracht sind. Es macht einen Unterschied, ob du deinen besten Freund vor dir hast, einen Nachbarn, einen Arbeitskollegen, einen Fremden oder einen Vorgesetzten. Natürlich sollten deine schlagfertigen Antworten niemals frech oder beleidigend sein, bei guten Freunden aber kann die Antwort gerne etwas flapsig und direkter ausfallen, als zum Beispiel bei deinem Boss. Auch ist es immer wichtig, genau auf die Situationen zu achten. Nicht immer passt dieselbe Antwort auf dieselben Aussagen. Es gibt ernste, traurige, fröhliche und angespannte Situationen und wichtig ist es, dass du das Feingefühl entwickelst, diese zu erkennen und dementsprechend zu handeln.

Situationen erkennen

Somit ist also das Erste, dass du pfeilschnell die Situation erkennst. Das ist nicht wirklich schwierig, wenn es sich um gewohnte Situationen dreht. Du weißt genau wie du am Arbeitsplatz mit den jeweiligen Kollegen sprechen kannst und auch in der Familie oder dem Freundeskreis musst du

GRUNDREGELN DER SCHLAGFERTIGKEIT

nicht überlegen oder abwiegen.

Schwieriger wird es dann schon, wenn dich zum Beispiel in der Bahn oder im Supermarkt ein Fremder von der Seite anmacht. Hier musst du in der Regel auch nicht allzu zimperlich sein, denn wer an einem x-beliebigen öffentlichen Platz Fremde mit einem blöden Spruch versehen kann, der kann auch einstecken.

Anders sieht es jedoch auf Ämtern oder in Institutionen aus. Zu den Institutionen zählen zum Beispiel Banken, der Steuerberater oder auch die Kirche. Auch auf Ämtern ist es besser, wenn du dich mit den schlagfertigen Antworten etwas zurück hältst und die Antworten um eine Spur freundlicher und friedlicher gestaltest, als es dein Gegenüber eigentlich verdient hätte.

Doch egal ob Finanzamt, Jugendamt, Arbeitsamt, Passamt oder Einwohnermeldeamt - in der Regel benötigen wir etwas von dort und meist sehr dringend. Die Beamten sitzen jedoch auf dem längeren Ast und wenn eine Antwort zu frivol, frech oder spöttisch ankommt, dann können diese es dir recht schwer machen. Mit nur einer unbedachten Antwort legst du dir somit selbst Steine in den Weg.

Nun beginnen wir gleich mit der nächsten Übung. Versuche schlagfertige Antworten den jeweiligen Situationen anzupassen. „Das ist aber nicht korrekt gemacht" kann von jeder der oben genannten Zielgruppen gesagt werden. „Dann mach es selbst besser" kannst du zum Beispiel dem Freund antworten. „Lassen wir das den Kunden oder den

Chef entscheiden" könnte die Antwort für Arbeitskollegen sein. „Und da sind Sie Profi genug um das zu beurteilen" kannst du zu Fremden sagen, die sich ungebeten in deine Angelegenheiten mischen. „Ist das Ihre Meinung" passt besser für Institutionen und Ämter, wo du dir keine schnippische Antwort leisten sollst.

Spiele nun nach diesem Schema einige Antworten durch. So bekommst du ein Gefühl dafür, wo der kleine aber feine Unterschied liegt. Übe wieder vor dem Spiegel. Denk dabei auch an deine Körperhaltung und deine Stimme. Es kann immer ein freundliches Lachen mitschwingen, außer du willst betont schnippisch antworten, wie zum Beispiel bei Fremden, die dich ungefragt ansprechen.

Schlagfertigkeit lernen - wie beginne ich das Projekt?

Bis jetzt haben wir quasi die Vorbereitungen getroffen. Du fühlst dich nun bereits etwas sicherer und selbstbewusster und kannst dies durch Mimik und Gestik auch unterstreichen. Vorausgesetzt, du hast auch wirklich die einzelnen Übungen mitgemacht. Vergiss nicht, diese praxisorientierten Übungen sind sehr wichtig für deinen Erfolg. Auch ich mache diese heute noch immer wieder. Nun gehen wir einen Schritt weiter.

Sei dir bewusst, dass Schlagfertigkeit immer eine Art von Gegenwehr ist. Du musst dir klar darüber sein, dass schlagfertige Antworten immer einen Hauch von Frechheit und Mut haben. Es ist so, als würdest du das letzte Wort haben

GRUNDREGELN DER SCHLAGFERTIGKEIT

wollen und du musst dich davon verabschieden, es immer allen recht machen zu wollen. Dies lässt sich mit schlagfertigen Antworten nicht vereinbaren.

Damit du das auch tatsächlich verinnerlichst, solltest du täglich deine Mantras aufsagen. „Ich bin stark, ich bin mutig und ich bin selbstbewusst" sind deine Mantras, um dich auf das Projekt Schlagfertigkeit perfekt vorzubereiten.

Wenn du dir zu Beginn bei deinen Antworten noch unsicher bezüglich des Inhalts bist, mach dir da keine Sorgen. Wichtig ist jetzt, dass du überhaupt beginnst etwas zu sagen und nicht immer nur schweigend alles über dich ergehen lässt. An den Inhalten feilen wir später und du erhältst mit unseren 100 typischen schlagfertigen Antworten tolle Templates, mit denen du gut arbeiten kannst. Sobald du dich dazu aufgerafft hast, überhaupt schlagfertig zu antworten, ist die halbe Miete bereits bezahlt.

Der nächste Punkt an dem du arbeiten musst ist der Stressfaktor. Gerade in stressigen Situation stehen wir oft perplex da und uns fehlen die Worte. „Ich bin ruhig und gelassen" ist ein Mantra, das dir dabei hilft. Im vierten Teil dieses Ratgebers habe ich für dich einige Entspannungsübungen zusammengefasst. Diese kannst du wunderbar jederzeit umsetzen und egal ob Mantras, Mudras, Yoga oder Meditation, auch diese Übungen unterstützen dich dabei selbstbewusst und schlagfertig zu sein.

Wenn du auch in stressigen Situationen immer noch schnell reagieren kannst und dich dadurch nicht aus der Ruhe bringen lässt, dann ist dir garantiert der Respekt aller anderen sicher. Auch wenn du innerlich gestresst bist, durch meine Übungen fällt dies nicht auf und du hast deinen Körper und deinen Geist so unter Kontrolle, dass dir dennoch immer noch ein lockerer Spruch über die Lippen kommt. Auch in der größten Hektik verschlägt es dir nicht die Sprache und niemand kann dich so überrumpeln.

Wichtig ist auch, dass du aufhörst, immer alles persönlich zu nehmen. Viele Menschen sind einfach von Haus aus böse und versuchen andere klein zu machen, nur um sich selbst größer zu fühlen. Das hat aber nur in den wenigsten Fällen mit dir persönlich zu tun. Lass es dir also nie zu Herzen gehen. Nimm alles humorvoll und gewöhne dir an, auch über dich selbst lachen zu können.

Wenn du deine schlagfertigen Antworten immer mit einer Prise Humor würzt, dann trittst du damit auch nicht so schnell anderen auf den Schlips, aber dazu kommen wir im nächsten Kapitel. Aber ein Beispiel für eine humorvolle Antwort die dennoch sitzt wäre wenn jemand sagt, dass du das Letzte bist die Antwort: „Ja natürlich, denn das Beste kommt immer zum Schluss." Was soll dein Gegenüber darauf noch antworten? Richtig, der Punkt geht eindeutig an dich. Du hast deinem gegenüber nicht widersprochen, ihn nicht beleidigt und auch dich nicht klein gemacht. Übe diese Antwort gleich wieder vor dem Spiegel.

Damit du dir die verschiedenen Antworten auch wirklich gut merken kannst ist es hilfreich, wenn du diese handschriftlich in dein Notizbuch überträgst, oder du dir eine eigene

Excel Liste dafür anlegst. Je nachdem, welche Lernmethode für dich die beste ist. Ich selbst habe vor Jahren damit begonnen, mir eine eigene Kartei mit schlagfertigen Antworten anzulegen. Dazu habe ich sämtliche Antworten auf kleine Kärtchen geschrieben. Diese Kartei erweitere ich auch heute noch. Ich sammle zum Beispiel auch schlagfertige Antworten. Egal ob ich tolle Antworten oder witzige Phrasen lese oder höre, ich notiere sie mir. Wer weiß, man kann schließlich immer wieder alles benötigen.

Du sollst auch wissen, dass du nicht schlagfertig bist, um andere klein zu machen oder zu verletzen. Dein Motiv für mehr Schlagfertigkeit sollte mehr Selbstbewusstsein, mehr Respekt und mehr Souveränität sein. Schlagfertig sein bedeutet, vor niemandem Angst zu haben, aber gleichzeitig auch, niemandem Angst einzujagen.

Werde ein Wortsammler

Schlagfertigkeit lebt vom gesprochenen Wort. Daher ist es wichtig, dass du deinen Wortschatz ständig erweiterst. Du kannst wie ich schlagfertige Antworten sammeln und notieren, zu Beginn ist es aber viel wichtiger, einzelne Wörter zu sammeln. Dazu nimmst du jedes beliebige Wort her und machst damit eine sogenannte Assoziations-Kette. Du kannst dazu blind in eine Zeitung oder ein Magazin tippen und möglichst viele verwandte Worte zu diesem Begriff suchen. Notiere zum Beispiel alle Worte, die dir zum Thema Arbeit, Glück oder Auto fahren in den Sinn kommen. Nimm dazu wieder dein Notizbuch zur Hand und suche mindestens 20 Assoziationen pro Begriff. Deine Wortsammlung kannst du immer und überall erweitern und solltest ständig daran arbeiten. Ich mache das ebenfalls heute noch.

Es ist wichtig, dass dir diese Wörter und Phrasen in Fleisch und Blut übergehen. Schlagfertigkeit bedeutet spontan zu antworten. Daher sollte niemand bemerken, dass du die Sätze und Antworten auswendig gelernt und hart erarbeitet hast. Diese Spontanität kommt jedoch ganz automatisch je mehr du übst und je intensiver du dich mit diesem Thema befasst.

Mach dir keine Sorgen, dass du zu wenig spontan bist. Denk einfach nicht zu viel nach und hab auch keine Angst etwas falsches zu sagen. Das Schlagwort, welches du immer vor Augen haben solltest ist Offensive. Lass deinem Gegenüber keine Zeit noch einmal nachzutreten. Überrasche ihn und bringe ihn dadurch zum Schweigen. Leg einfach ein Tempo vor, mit dem keiner gerechnet hat. Schon hast du gewonnen und die Menge schweigt, während du innerlich ruhig grinsend triumphieren darfst.

Stell dir deine schlagfertigen Antworten immer als Ball vor, den du so schnell als möglich wieder abgeben musst. Dieses Bild kann dir gut helfen, dein Tempo beim Antworten zu erhöhen. Lass dich auf jeden Fall nie mehr durch fiese Aussagen aus der Spur bringen. Sag dir immer wieder vor: „Das ist nicht persönlich gemeint". So kannst du schneller antworten. Denn wenn dich etwas persönlich hart trifft, dann nimmst du es dir zu Herzen. Dann bist du verletzt und dein Gehirn muss erst den Schmerz und die Enttäuschung verarbeiten. Nimmst du es jedoch nicht persönlich, dann gewinnst du dadurch einige Sekunden und kannst perfekt kontern.

Die unterschiedlichen Taktiken

Es gibt verschiedene Taktiken, wie du deine schlagfertigen Antworten aufbauen kannst. Für den Anfang ist es am einfachsten, mit der Gegenfrage Technik zu arbeiten. Hier musst du nicht lange überlegen, sondern kannst sofort das Thema des gemeinen Spruchs aufgreifen, mit dem dich ein Kontrahent treffen wollte. Ein Beispiel dafür: „Seit du in einer Beziehung bist, hast du aber ordentlich zugenommen" ist ein Spruch, der ordentlich verletzen kann. Lass es nicht an dich heran sondern antworte: „Ja, mir geht es in der Beziehung absolut gut und wir genießen die gemeinsamen, romantischen Dinner bei Kerzenlicht. Du wirst immer dünner, es scheint bei euch ist die Romantik verpufft." Diese Antwort wird wahrscheinlich sitzen. Du kannst auch antworten: „Ja, mein Partner kann gut kochen, deiner nicht?" Zeig dabei ruhig ein zufriedenes und verliebt lächelndes Gesicht. Das kannst du auch ganz wunderbar vor dem Spiegel üben.

Eine weitere Technik ist die sogenannte Umkehr Technik. Dies ist eine eher freche Technik und du gibst dabei starken Kontra. Diese Technik ist nur dann anzuwenden, wenn es die Lage zulässt, also nicht unbedingt bei Vorgesetzten. Ein Beispiel dafür: „Du bist so hässlich, wenn du mein Partner wärst, würde ich dich sofort verlassen." Darauf kannst du antworten: „Wenn du mein Partner wärst, dann wäre ich schon längst gegangen." Auch diese Antwort sitzt. Die Umkehr Technik ist wie ein Schlag ins Gesicht. Doch anstatt tatsächlich handgreiflich zu werden, schlägst du verbal

GRUNDREGELN DER SCHLAGFERTIGKEIT

zu und versetzt deinem Gegenüber eine mündliche Ohrfeige.

Die Zustimmungs Technik ist ebenfalls sehr einfach, weil du hier auch das Thema des Angreifers aufnimmst. Egal was er dir auch an den Kopf wirft, gib ihm einfach recht und setze noch ein kleines Statement dazu. „Das hab ich aber auch schon besser gesehen, gegessen, gehört...." als Vorwurf kannst du mit einem „Ja garantiert, aber sicher nicht bei mir" beantworten.

Die Ironie Technik kann dich etwas an Überwindung kosten und es ist auch wichtig, dass man die Ironie eindeutig erkennt. Ruft der Chef zum tausendsten Mal: „Bitte das Schreiben ohne Rechtschreibfehler", dann antworte: „Wer einen Fehler findet, der darf ihn behalten". Wirft dir jemand vor sinnlos, dumm, unfähig oder überflüssig zu sein, dann gratuliere ihm, dass er so wichtig, klug oder fähig ist. Du kannst dich auch immer für den tollen Rat bedanken, deinem Gegenüber vermitteln, dass er dich mit der Aussage schwer beeindruckt hat, oder du bittest ihn das Gesagte zu wiederholen, einfach weil er es so nett oder schön gesagt hat.

Ganz egal welche Methode dir zu Beginn besser liegt, versuche es einfach und experimentiere. Höre deinem Gegenüber immer gut zu und greife die Worte auf. Wenn es einmal so gar keine Antwort gibt, dann passen Sätze wie: „Auf diesem Niveau müssen wir uns aber nicht weiter unterhalten" oder „Ich glaube geistig duellieren ist mit dir sinnlos".

Der schmale Grat zwischen Schlagfertigkeit und Frechheit

Bei der letzten Antwort aus dem vorangegangenen Kapitel hast du den schmalen Grat zwischen Schlagfertigkeit und Frechheit schon fast überschritten. Diesen Spruch oder diesen Kontra kannst du nicht immer und überall anwenden. Dein Chef hätte garantiert keine Freude mit dir, auch wenn du hundertmal Recht damit hast, in gewissen Situationen solltest du, Schlagfertigkeit hin oder her, einfach zurückstecken.

Was unter Freunden und im privaten Umfeld durchaus erlaubt ist, kann am Arbeitsplatz gefährlich werden. Es ist natürlich klar, dass du deinen Chef nicht beleidigen solltest, aber auch bei den Arbeitskollegen musst du mit Fingerspitzengefühl vorgehen. Auch wenn die Kollegen selbst nicht mit bissigen Bemerkungen sparen, halte dich selbst zurück, und fahre hier eine andere, sanftere Schiene.

Gerade am Arbeitsplatz ist es doppelt wichtig, nichts persönlich zu nehmen. Hier handelt es sich lediglich um Arbeitskollegen. Diese müssen keine Freunde werden und du solltest nur versuchen, die täglichen 8 Stunden gut mit ihnen auszukommen. Am Arbeitsplatz ist es wichtig, dass du immer sachlich und absolut fair konterst. Hier ist es am besten, wenn du dich für einen anderen Standpunkt bedankst und zum Ausdruck bringst, dass du diesen Input sehr schätzt. War der Angriff jedoch richtig gemein oder unter der Gürtellinie, so kannst du auch am Arbeitsplatz sagen: „So müssen wir uns nicht unterhalten" oder du fragst deinen Kollegen, was er mit dieser Aussage bezwecken möchte. Wichtig ist, dass du eine

GRUNDREGELN DER SCHLAGFERTIGKEIT

Reaktion zeigst und nicht wie in der Vergangenheit einfach alle Gemeinheiten schweigend über dich ergehen lässt.

Ebenfalls immer gut funktioniert es am Arbeitsplatz, wenn du Vorwürfe kategorisch von dir weist. Egal ob es direkt mit der Arbeit zu tun hat, oder ob dich ein Kollege persönlich angreift, weise alles zurück und stelle klar, dass das Behauptete unwahr ist. „Sie arbeiten schludrig" beantwortest du mit einem „Das ist sehr unfair, gemein und absolut nicht wahr" und egal was dir vorgeworfen wird, weise die Anschuldigungen zurück, wenn diese nicht zutreffen natür-lich.

Wenn du dir gar nicht anders zu helfen weißt und die Aussagen schmerzhaft sind, dann kannst du deinem Gegenüber auch tief in die Augen blicken und sagen: „Das hat mich jetzt tief getroffen" oder „Das ist unwahr und sehr unfair". Das kannst du auch bei deinem Chef antworten. Wichtig ist, dass du deinem Gegenüber dabei immer fest in die Augen blickst und deinen Blick auch nicht senkst. Du sollst deine Stärke zeigen, aber auch vermitteln, dass du dich auf keine sinnlosen Diskussionen einlassen möchtest. So bist du auf keinen Fall länger das graue Mäuschen, jedoch auch nicht frech oder schießt über dein Ziel hinaus.

Gerade am Arbeitsplatz oder im Umgang mit Vorgesetzten oder Amtspersonen ist es immer klüger souverän zu bleiben und auf Sachlichkeit zu bauen. Wichtig ist, deine Art dich zu präsentieren hat sich verändert. Die anderen sehen, dass du stark bist und dass sie dich mit ihren Sticheleien nicht mehr verletzen können. Du kannst hier auch verkünden, dass der gemeine Büroklatsch an dir abperlt wie Wasser auf einem

Regenmantel. Stell hier immer wieder klar, dass du dich sicher nicht auf ein Niveau unterhalb der Gürtellinie begeben wirst, aber auch nicht gewillt bist, alles einzustecken. Sind deine Kollegen dauerhaft zynisch, gemein und unfair, so kannst du auch um ein Gespräch außerhalb der Arbeit bitten, um die Zwistigkeiten zu klären.

Schlagfertig sein und gleichzeitig humorvoll und sympathisch bleiben

Wenn du immer eine lustige oder humorvolle Antwort auf den Lippen hast, dann ist dies sicher die beste Verteidigung. Diese Art von Schlagfertigkeit kennen wir von vielen Entertainern, die in der Öffentlichkeit stehen und bei Pressekonferenzen oder am roten Teppich auch auf die gefinkeltsten Fragen der Journalisten mit einer schlagfertigen aber lustigen Antwort kontern.

Genau von diesen Stars können wir viel lernen und auch ich hänge oft noch gebannt an deren Lippen und bewundere sie dafür, wie sie auch auf die dümmsten Fragen noch höflich antworten können. Natürlich, Personen, die in der Öffentlichkeit stehen werden speziell darauf geschult, aber genauso können auch wir trainieren. Du musst wissen, dass auch die Antworten der Prominenten nicht immer spontan kommen. Auch sie bereiten sich auf die bevorstehenden Anlässe vor und wissen natürlich auch im Vorfeld, mit welchen unangenehmen Fragen sie konfrontiert werden kön-nen.

Egal ob es die schmutzige Trennung oder die

Alkoholeskapade war, man weiß ja, was man getan oder angestellt hat und kann sich dementsprechend darauf vorbereiten. Natürlich wird ein Journalist die Schauspielerin auf den Nippel-Blitzer ansprechen und den Sänger auf die Schlägerei im Pub. Auch du kannst damit rechnen, dass dich Bekannte fragen werden, was denn letztens auf der Geburtstagsfeier passiert ist oder wer der unbekannte aber heiße Typ war, mit dem du klammheimlich verschwunden bist.

Genau darauf kannst du dich stets im Vorfeld seelisch vorbereiten, denn die Fragen kommen garantiert. Hör auf dich zu verstecken, wenn dir ein Malheur passiert ist, sondern überlege, wie du in der Öffentlichkeit damit umgehst. Egal was auch passiert ist, überlege, welche unangenehmen Fragen die dazu gestellt werden könnten. Hattest du ein Blackout beim letzten Meeting oder hast du eine Bestellung versemmelt, hast du es auf der letzten Weihnachtsfeier etwas zu bunt getrieben oder hat dich jemand verraten, dass du über den Chef gelästert hast? Möglichkeiten gibt es genug, aber auch schlagfertige Antworten - zu jeder Frage und jeder Situation.

Wenn du dir im Vorfeld zu unangenehmen Situationen Antworten zurecht legst, dann ist es wichtig, dass du mit Humor und Kreativität an die Sache herangehst. Vor allem aber sollst du die Sache neutral und aus einem gewissen Abstand betrachten. Vergiss die Peinlichkeit und versuch nicht, die Sache zu verleugnen. Stell dich dem Thema und erarbeite deine Antworten - denn garantiert wird dich jemand darauf ansprechen, der dich schadenfreudig stammeln und schwitzen sehen möchte.

GRUNDREGELN DER SCHLAGFERTIGKEIT

Mit deiner Antwort solltest du dein Gegenüber überraschen. Es soll etwas sein, womit er nicht gerechnet hat. Hast du zum Beispiel tatsächlich Mist gebaut und jemand will dich aufdecken, dann geh in die Offensive. Streite es nicht ab, sondern sei mutig und steh zu deinen Schwächen. Wir alle sind menschlich und Fehler gehören einfach dazu. Jeder rechnet eher damit, dass Fehler verheimlicht werden. Ja, du bist nach der Feier gestolpert, weil die Cocktails so herrlich süffig waren. „Ich wurde wenigstens unzählige Male eingeladen, weil ich es unterhaltsam ist, mit mir den Abend zu verbringen. Da kann so etwas schon einmal vorkommen." Dieses Zugeständnis ist besser als die Sachlage abzustreiten.

„Ich habe gelästert, stehe aber auch so zu meinen Worten" kommt garantiert unerwartet. Ebenso der Satz „Ich lästere wenigstens nicht hinter dem Rücken anderer, sondern stehe zu meiner Meinung" wird nicht nach dem Sinn der potentiellen Angreifer ist. „Ich kann meine Meinung wenigstens sagen, da ich sie nicht stündlich mit dem Wind ändere" sollte aber genauso fest sitzen.

Auf die vermasselte Rede angesprochen konterst du mit „Wenn ich schon nicht mit Argumenten überzeugen kann, dann will ich wenigstens für Verwirrung sorgen - in beiden Fällen rege ich das Publikum zum Nachdenken an." Wichtig ist, dass du hier die Ironie auch durch deinen Unterton durchklingen lässt, sonst wirst du wieder falsch verstanden. Glaub nicht, dass es mir selbst noch nie passiert ist. Auch ich habe auf der Bühne oder bei Meetings schon den besagten roten Faden verloren. Und natürlich wurde gerade ich darauf angesprochen und es kann fürchterlich peinlich sein, wenn der Redner gerade bei Themen rund um Rhetorik oder

Selbstbewusstsein ins Straucheln gerät. Die Kunst ist jedoch, dass du dich nicht aus dem Konzept bringen lässt und wieder zurückfindest. Darauf angesprochen kannst du antworten: „Es war lediglich ein Test um zu sehen, wer meinem Vortrag wirklich folgt und wer sich nur zum Dösen ins Meeting begeben hat."

Schon Albert Einstein wusste, dass nur Menschen, die auch etwas Neues probieren Fehler machen. Auch diesen schlauen Wissenschaftler kannst du zitieren, wenn einmal etwas in die Hosen gegangen ist. Reagiere auf keinen Fall ärgerlich, wenn dich jemand auf einen Fehler hinweist - gerechtfertigt oder nicht. Sieh es als Chance dich von einer humorvollen Seite zu zeigen und bewahre Haltung. Das macht wahre Größe aus und alle merken bewundernd, wie selbstbewusst du bist.

Auch bei persönlichen Angriffen kannst du immer humorvoll reagieren. „Du bist aber ganz schön dick geworden" wird mit „Ja ich habe schon an eine Kooperation mit einem großen Zelthersteller gedacht" beantwortet. Auf den Hinweis, dass du ständig rot wirst kannst du kontern: „Ich bringe wenigstens Farbe in die ganze Sache".

Ich hoffe, du notierst dir meine kleinen schlagfertigen Antworten und schreibst diese entweder in dein Notizbuch oder deine Kartei. Vergiss nicht, du bist nun unter die Sammler gegangen. Sammle immer und überall coole und lockere Sprüche. Auch unterwegs kannst du dir fetzige Sprüche notieren, wenn du welche hörst. Dem Smartphone sei Dank.

Stell dir vor, du bewirbst dich um einen neuen Job oder ein tolles Projekt und man fragt dich, ob du dafür nicht viel zu jung oder viel zu unerfahren bist. Das würde dich doch im ersten Moment aus dem Konzept werfen. Hier solltest du schnell antworten: „Eigentlich sind sie doch erfahren genug um zu wissen, dass gerade ich für diesen Job, oder dieses Projekt absolut perfekt bin."

Andere mit der Schlagfertigkeit nicht verletzen

Diesen schmalen Grat solltest du niemals überschreiten, denn dann würdest du dich auf dasselbe Niveau wie deine Kontrahenten begeben. Gerade beim letzten Satz im vorherigen Kapitel wird das deutlich. Du hättest auch mit „Das war aber eine sehr dumme Frage" antworten können. Damit hättest du dein Gegenüber persönlich verletzt und das ist ein absolutes No-go.

Du könntest auf eine Anspielung auf deine Figur natürlich mit „Lieber dick als hässlich" oder mit „Lieber dick als doof" antworten. Diese Antworten sind auch durchaus angebracht, wenn dich jemand beleidigt und du ihn ebenfalls verletzen möchtest. Besser aber sind Kontras wie: „Ja, mein Partner hat auch viel Freude daran. Im Winter halte ich warm und im Sommer spende ich Schatten". „Mit einer dreiwöchigen Diät ist mein Problem beseitigt. Was man gegen deine Arroganz machen kann, dafür habe ich leider keine Lösung" Ist ebenfalls eine schlagfertige Antwort mit Pepp. Diese ist zwar ganz leicht verletzend, aber bei manchen Menschen durchaus angebracht.

GRUNDREGELN DER SCHLAGFERTIGKEIT

„Das hat mich verletzt, ich verzeihe dir aber, da ja Taktgefühl noch nie deine Stärke war" ist ebenfalls eine Antwort, die du immer verwenden kannst. Hier gibst du deine Gefühle zu, zeigst deine verletzliche Seite, präsentierst dich aber gleichzeitig sehr klug und selbstbewusst. Mit Sätzen wie diesen zeigst du Größe und garantiert werden dich dafür alle bewundern, die dem Gespräch folgen konnten. Taktgefühl kannst du je nach Situation auch durch denken, Empathie oder Feingefühl ersetzen. Such hier verschiedenste Wörter, die du einsetzen könntest und notiere die Sätze in dein Notebook.

„Kann es sein, dass du eifersüchtig bist" ist ebenfalls eine tolle schlagfertige Antwort, die zu vielen Situationen passt. Auch hier kannst du eifersüchtig durch neidisch oder missgünstig ersetzen. Versuche wieder so viel Synonyme als möglich zu finden. Wenn dir selbst nichts dazu einfällt, dann verwende ruhig ein Wörterbuch oder befrage Dr. Google.

Ein wichtiger Punkt damit deine Antworten nicht verletzend wirken ist auf jeden Fall deine Mimik. Schau in den Spiegel und übe die Sätze mit einem zurückhaltenden aber freundlichen Lächeln. Achte vor allem darauf, dass deine Augen dabei lächeln. Es sollen sich an der Seite kleine Lach-fältchen zeigen. Auch wenn du Grübchen hast, dann dürfen die in diesem Moment markant aufblitzen.

KAPITEL 4

Techniken in der Praxis umgesetzt

TECHNIKEN IN DER PRAXIS UMGESETZT

IN DIESEM KAPITEL WOLLEN wir gemeinsam einige mehr Techniken intensiv behandeln. Zuvor aber wiederholen wir noch einmal die Grundlagen, denn genau darauf ist deine gesamte Schlagfertigkeit aufgebaut. Es ist so wichtig, dass du alles auf einem festen und sicheren Fundament aufbaust. Dein Selbstbewusstsein soll doch so sicher sein wie eine Burg und nicht wackelig wie ein Kartenhaus.

Wichtig für deine Schlagfertigkeit ist als das schnelle Denkvermögen. Dies kannst du mit zahlreichen Kreuzworträtseln, Gehirnjogging, aber auch Konversation trainieren. Damit du deine Worte auch immer parat hast, ist hier das eigens angelegte Notizbuch mit Phrasen, Wörtern und schlagfertigen Antworten eine riesen Unterstützung. Wenn du es bis jetzt stets hinausgeschoben hast, leg es dir nun an, es hilft wirklich und macht doch kaum Mühe. Du musst nicht alles Seiten an einem Tag füllen. Wenn dir täglich einige Wörter oder Sätze einfallen, dann ist das doch perfekt.

Es ist genauso wichtig, deine Kreativität zu fördern. Dazu kannst du überlege, ob du nicht irgendein kreatives Hobby beginnen möchtest. Nicht nur, dass Hobbys sehr gut gegen Stress sind, durch kreative Arbeiten werden auch spezielle

Gehirnregionen aktiviert und stimuliert, die dich besonders rasch denken lassen. Wenn dir so gar nichts Kreatives einfällt, dann suche dir doch zumindest im Internet oder im Fachhandel sogenannte Mandalas zum Ausmalen. Diese kreative Beschäftigung erfüllt gleichzeitig einen sehr meditativen Zweck und zudem sind Mandalas eine schöne Dekoration. Die bunten Bilder in einen schönen Rahmen gesteckt sind tolle Accessoires für deine Wohnung und auch tolle Geschenke und Mitbringsel.

Weiter sollst du an deiner Konzentrationsfähigkeit arbeiten. Oft liegt es an der mangelnden Aufmerksamkeitsspanne, wenn dir spontan keine schlagfertigen Antworten einfallen. Hier geht es darum, deine kognitive Leistungsfähigkeit zu trainieren. Gerade wenn die Konzentration nachlässt ist es wichtig, dass du deinem Körper und deinem Gehirn kurzfristig Abwechslung bietest und neue Impulse versendest. Steh auf, streck dich, atme tief ein und aus oder mach kleine Fingerübungen.

Auch Spiele wie Mikado und ander Geschicklichkeitsspiele wirken sich sehr positiv auf deine Konzentration aus. Auch wenn es kindisch klingen mag, durch Quartett spielen oder Memory spielen regst du ebenfalls deine kognitiven Fähigkeiten an. Nachdem du garantiert ein Smartphone oder einen Computer besitzt kannst du auch online nach Spielen wie Mahjong suchen. Auch diese haben eine große Wirkung und machen zudem Spaß.

Über die sprachliche Kompetenz haben wir schon mehrere Male gesprochen. Nicht nur deine Wörtersammlung ist hier wichtig, auch solltest du dich bemühen, mehr zu sprechen. Egal ob Unterhaltungen mit Freunden oder Kollegen oder Chats, alles das mit Kommunikation zu tun hat ist hier positiv. Du kannst zum Beispiel auch nach E-Mail Freundschaften suchen und so deinen Sprachschatz erweitern. Achte hier jedoch darauf, dass du dich wirklich unterhältst und nicht nur in Form von Emojis und Abkürzungen kommunizierst.

Lerne zu improvisieren. Es muss nicht in einem Drama enden, wenn etwas schief gegangen ist. Mit etwas Geschick und Kreativität kannst du jedes Schlamassel in Wohlgefallen umwandeln. Sind deine Folien für Übungen verschwunden, die du vorzeigen wolltest, so zeig die Übungen doch selbst vor oder frag nach einem Freiwilligen in der Runde, der dir dabei als Objekt zur Seite steht. Ist der Strom ausgefallen, zünde Kerzen an. Geht das Radio nicht, singe. Überlege dir einige Situationen, in welchen du mit etwas Improvisationsgeschick die Lage hervorragend meistern könntest.

Und ganz wichtig ist natürlich, dass du deinen Humor nicht verlierst. Sei ein fröhlicher Mensch. Prüfe jedes Mal im Spiegel, dass du auch wirklich entspannt und mit einem Lächeln im Gesicht agierst. Egal ob du vor dem TV oder dem Computer sitzt, mit anderen Menschen sprichst, oder nur alleine am Tisch sitzt, versuche immer zu lächeln. Genau jetzt, setz bitte ein Lächeln auf. Das gibt auch dir sofort ein besseres Gefühl.

Wenn du lächelst und fröhlich bist, dann ist es auch nicht mehr so schwierig, humorvoll zu bleiben. Humor ist zudem gesund, hält dein Herz und deinen Kreislauf fit und sorgt dafür, dass deine Haut strahlend wirkt. Ein freundliches Gesicht hat weniger Falten und meist haben Kopfschmerzen ihre Ursache auch darin, dass man stets verbissen dreinblickt und die Stirn zu sehr runzelt.

Wenn du diese Punkte beherzigst, dann kannst du auch mit den nächsten Schritten weitermachen. Nun kommen weitere Taktiken und Techniken, mit denen du ganz gut arbeiten kannst. Du musst nur für dich die beste Variante herausfinden.

Gegenfragen

Gegenfragen können dein Gegenüber aus dem Konzept bringen, weil er einfach nicht damit gerechnet hat. Auch kann es sein, dass du deinen Angreifer mit gezielten Rückfragen in Verlegenheit bringst und er so den Rückzug geschlagen antritt.

Gerade im Büro kann es oftmals ganz schön gehässig werden, wenn es um das Thema Mode geht. Natürlich, nicht alle haben den gleichen Geschmack und nicht jeder will sich immer den neuesten Trends unterwerfen. Generell sollte es so sein, dass man nach dem Motto leben und leben lassen handelt, doch das schaffen die wenigsten. Gerade die Personen, die sich für fehlerfrei halten und immer wie aus dem Ei gepellt gekleidet sind, hacken gerne auf anderen herum, die eben nicht so viel Wert auf Klamotten legen.

„Der Pullover ist aber auch schon etwas aus der Mode gekommen" oder „Heute sind Sie ja wieder sehr langweilig, geschmacklos oder farblos gekleidet" können Sätze sein, die du dir am Arbeitsplatz anhören musst. „Wegen deiner Bluse haben übrigens die 70-er gerade angerufen - sie hätten sie gerne zurück" ist eine Antwort. Wenn du aber eine Gegenfrage verwenden musst dann eignet sich „Bist du ein Abgesandter der Modepolizei?" perfekt. Auch „Arbeitest du neuerdings für Prada oder Lagerfeld, oder warum denkst du, dass du das so gut beurteilen kannst?" ist ebenfalls eine tolle Gegenfrage, welche dein gegenüber schnell beschämen kann. „Aber in deinem Outfit fühlst du dich wohl?" ist ebenso passend wie „Denkst du dein Outfit entspricht dem neuesten Trend?".

Auch immer treffend ist die Gegenfrage: „Warum denken sie, dass sie genau bei diesem Thema mitreden können?". Wichtig ist, dass du mit deiner Gegenfrage den anderen aus dem Konzept bringst und ihn verunsicherst. Wahrscheinlich wirst du auf diese Frage keine Antwort erhalten und dein Angreifer wird sich stammelnd verziehen.

Gegenfragen sind in der Regel die Variante für schlagfertige Antworten, die am schnellsten von den Lippen kommt. Das kommt daher, weil du ja durch die Aussage deines Gegenübers schon ein Stichwort vorgegeben hast. Nun heißt es einfach nur mehr eine gekonnte Formulierung zu finden.

„Warum denkst du, dass du das beurteilen kannst?" ist ebenfalls eine universelle Antwort, bei der du nicht einmal konkret aufs Thema eingehen musst. „Was genau willst du damit ausdrücken?" kann deinen Gesprächspartner ebenfalls überraschen und in Zugzwang bringen, denn garantiert hatte seine Aussage nur den Zweck, dich zu verunsichern. Mit einer Gegenfrage hat er wahrscheinlich nicht gerechnet. „Soll ich darüber lachen, oder war es ernst gemeint?" ist eine Frage, die deinen Gesprächspartner ebenfalls zum Nachdenken und Handeln auffordert.

Gegenfragen sind deshalb auch so wirksam, weil du dabei immer sehr souverän wirkst. Auch ist an einer Gegenfrage selten etwas Beleidigendes. Zudem forderst du mit einer Gegenfrage den Gesprächspartner zu einer konstruktiven Handlung auf und genau darum geht es doch in der Kommunikation. Auch kannst du dir merken, dass eine gute Frage meist eleganter und smarter wirkt als eine plumpe schlagfertige Antwort.

Das A und O für Gegenfragen ist, sie sind kurz, knackig und prägnant zu halten. Sieh zu, dass du die Gegenfragen so formulierst, dass diese nicht einfach mit einem Ja oder Nein zu beantworten sind. „Ist das dein Ernst?" ist vielleicht weniger wirkungsvoll als die Frage „Warum denkst du das?"

Eine Gegenfrage zwingt den anderen, sich noch einmal mit dem Gesagten auseinander zu setzen. Zudem signalisierst du gleichzeitig, dass du ihn und sein Anliegen auch ernst nimmst. Somit machst du dich sympathisch, auch wenn du deinen Gesprächspartner vielleicht aus dem Konzept gebracht hast. Meist kannst du mit deiner Gegenfrage erreichen, dass dein Gegenüber erkennt, dass seine Vorhaltungen grundlos waren und er muss sie zurückziehen.

Offensive und Angriff als beste Verteidigung

Wenn du schlagfertig antwortest und auf Angriff übergehst, dann kann es schnell wirken, als würdest du keine

Kritik vertragen. Daher gilt es hier besonders mit Bedacht zu antworten. Gerade in diesem Fall können deine Antworten als Beleidigung aufgefasst werden oder es kommt zu falschen Interpretationen. Bei Vorgesetzten würde ich auf offensive Antworten verzichten, um nicht als dreist oder frech empfunden zu werden.

Auch wenn du offensiv konterst, müssen deine Antworten witzig, intelligent und souverän sein. Ebenso wenn du damit auf Verteidigung aus bist, darfst du nicht aggressiv wirken. Wann also passen diese offensiven und verteidigenden Antworten? Am besten in Situationen, in welchen du falsch verdächtigt oder beschuldigt wirst. Dies kann sowohl im Freundeskreis, aber auch am Arbeitsplatz vorkommen. Vorsicht aber wie gesagt vor dem Chef.

„Du hast Recht, aber nur in deiner komischen, verschobenen Welt" ist eine schlagfertige Antwort, die dir die Möglichkeit zum Gegenangriff bietet. Nach dem „aber" kannst du beliebige Satzteile einfügen. Versuche nun 10 verschiedene Sätze zu formulieren und notiere diese in dein schlaues Büchlein. „...aber man könnte es auch von einer anderen Seite betrachten,....aber ich bin damit nicht 100%-ig einverstanden, ...aber mein Bauchgefühl sagt mir, es ginge auch anders" und so weiter. Du musst jetzt selbst auch ein wenig kreativ werden.

Wenn du deinem Gesprächspartner in erster Linie Recht gibst, so überraschst du ihn nicht nur, du zeigst damit auch, dass du dich nicht provozieren lässt. Meist verliert dein Gesprächspartner nun bereits das Interesse daran, sich verbal zu duellieren. Dadurch, dass du deinem Gesprächspartner zustimmst, geht sein Angriff quasi ins Leere. Das wird ihm

TECHNIKEN IN DER PRAXIS UMGESETZT

natürlich nicht gefallen, denn der Grund für einen verbalen Angriff ist doch immer, dass er sich vor dir profilieren möchte.

Wichtig ist, dass du ruhig bleibst und deiner positiven Linie treu bist. Fange nun nicht an dich zu rechtfertigen oder gar anderen die Schuld in die Schuhe zu schieben. Diese Technik eignet sich besonders dann, wenn du mit deinem Gesprächspartner nicht alleine bist, sondern mehrere Leute zuhören. Das Publikum, welches sich zwar nicht an der Diskussion beteiligt, sondern nur zuhört, wird dieses Zustimmen amüsant und gewieft empfinden und schon hast du die Menschen auf deiner Seite. Besonders dann, wenn du freundlich bleibst und auch auf ein Lächeln achtest. Noch mehr Wirkung erzielst du, wenn du andere mit deinem Kontra zum Schmunzeln bringst.

Wichtig ist hier, dass du absolut bereit bist zur Gegenwehr. Du musst dir bewusst sein, dass dein Gesprächspartner natürlich nicht begeistert davon sein wird. Bis jetzt warst du wahrscheinlich das bereitwillige Opfer, welches nie widersprochen hat. Verabschiede dich also aus dieser Opferrolle. Sei mutig und bereit, anderen die Stirn zu bieten.

Ebenfalls muss es dir egal sein, was die anderen nun von dir denken. Sicher ist es einfacher zu schweigen und dadurch nicht aufzufallen. Wenn du jedoch Paroli bietest, dann fällst du auf und andere werden merken, dass du da bist und tatsächlich auch eine eigene Meinung hast. Steh dazu und sei stolz darauf.

Mach dir keine Gedanken darüber, was andere über dich denken

Natürlich ist es ein schönes Gefühl, wenn alle dich mögen. Doch es ist nicht zwingend erforderlich Everybody`s Darling zu sein. Sicher wirst du immer wieder überlegen, wie gut du bei anderen ankommst und was andere über dich denken. Vielleicht hast du bis jetzt aus diesem Grund zu den schweigsamen Menschen gehört, einfach aus dem Grund, dass du so keine Fehler machen kannst. Leg diese Ängste ab und vergiss die Sorgen.

Um schlagfertig zu sein muss es dir egal sein, was andere davon halten. Es funktioniert nur, wenn du wirklich sagst was du denkst und auch wie du dich fühlst. Auch dein Handeln soll sich ändern. Lass dir nicht immer alles vorschreiben und mach auch Dinge die dir Spaß machen. Handle so, wie du möchtest und nicht wie du denkst, dass du musst.

Hör auf damit, es immer allen Recht machen zu wollen und hab auch keine Angst vor Veränderungen. Auch musst du aufhören bestimmten Menschen aus dem Weg zu gehen, die dich einschüchtern. Vielleicht kennst du das. In jedem Büro sitzt diese eine Kollegin, vor der jeder einen enormen Respekt hat. Es ist diese Kollegin, die für ihre scharfe und spitze Zunge bekannt ist und die frei Schnauze spricht und sich bei nichts und niemandem zurückhält.

Wenn du ehrlich bist hast du nicht nur etwas Angst vor ihr, sondern bewunderst sie auch insgeheim. Bis jetzt hast du aber immer vermieden, dieser Person eine Angriffsfläche zu bieten. Diese Zeiten sind nun vorbei. Stelle dich der Konfrontation und beginne, auch dieser Person Kontra zu bieten. Im Nu werden dir die anderen Kollegen Respekt zollen und auch dich bewundern.

Mach dir auch keine Gedanken darüber, dass Leute auf dich wütend sein könnten. Interpretiere nichts hinein und höre auf, dir sinnlose Gedanken zu machen. Passe deine Taten nicht mehr anderen an, sondern sei ganz du selbst. Dadurch lösen sich viele Blockaden und Anspannungen und hierdurch wirst du locker und gelöst und kannst auch spontan schlagfertige Antworten abliefern.

Wenn du dir ständig Sorgen darüber machst, was andere von dir halten, dann solltest du einmal einen Blick auf die Statistik werfen. In der Regel machen sich 70% der Menschen keinerlei Gedanken über andere. Du musst dazu nur von dir selbst ausgehen. Menschen denken 95% ihrer Zeit nur an sich selbst und beschäftigen sich mit ihren eigenen Sorgen und Gedanken. Du verbringst den Tag mit Gedanken über dein Aussehen, denkst darüber nach was du sagen oder machen könntest und überlegst auch was andere über dich denken. Genauso geht es jedoch auch den anderen und du siehst, keine Minute wurde daran verschwendet, über andere nachzudenken.

Menschen interessieren sich immer mehr für ihr eigenes Leben als für das Leben anderer. Natürlich gibt es diese Ausnahmen, wie die neugierige alte Dame, die den ganzen Tag den Kopf hinter dem Vorhang versteckt. Doch auch hier steckt meist etwas anderes dahinter und diese Dame wird meist von Einsamkeit getrieben.

Auch wenn dir etwas Peinliches passiert, wird dies meist von anderen sofort wieder vergessen, während du dich tagelang oder wochenlang quälst. Ist dir zum Beispiel auf Arbeit die Hose an einer peinlichen Stelle gerissen, so ärgerst und genierst du dich immens lange, während deine Arbeitskollegen am nächsten Tag schon nicht mehr daran denken. Und diejenigen, die dich auch später noch damit aufziehen sind jene Menschen, die damit von ihren eigenen Unzulänglichkeiten ablenken müssen. Und genau diese Menschen sollten dir auch egal sein.

Zudem geht es dich auch eigentlich gar nichts an, was andere denken. Du möchtest doch auch nicht, dass andere deine Gedanken lesen können, oder? Also lass auch deinen Mitmenschen ihr Gedanken und kümmere dich nicht darum. Es ist nicht dein Problem, sondern deren Problem und so soll es auch bleiben. Zudem kannst du es ohnehin niemals beeinflussen was andere über dich denken. Du kannst es nicht jedem recht machen, musst es aber auch gar nicht.

Sobald du dir keine Gedanken mehr über die Gedanken anderer machst, wächst auch dein Selbstwertgefühl. Solange du dir immer Sorgen machst, was andere von dir halten könnten, hältst du dich selbst klein. Du sagst lieber nichts, nur um niemanden zu beleidigen oder anderen auf den Schlips zu treten.

Denk auch immer daran, jedes Mal wenn du dir eine schlagfertige Antwort verkneifst, aus Angst, andere könnten

TECHNIKEN IN DER PRAXIS UMGESETZT

schlecht über dich denkst, trittst du dein eigenes Selbstwertgefühl mit den Füßen. Indem du schweigst signalisierst du, dass deine Meinung ohnehin nicht wichtig ist und hältst dich selbst klein. In diesem Fall lässt du es zu, dass andere wichtiger sind als du selbst. Halte dir das ganz konsequent vor Augen - das ist es doch nicht, was du möchtest, oder?

Deine Persönlichkeit kann sich nur entfalten, wenn du es auch zulässt. Wenn du immer nur die Meinung anderer gelten lässt, dann hast du quasi auch keine eigene Persönlichkeit. Du zählst zu den Menschen, die immer nur Ja und Amen sagen oder noch schlimmer, sich wie Fähnchen im Wind drehen und immer allen nach dem Mund reden. Stell dir nun vor, alleine wenn du übst schlagfertig zu sein, kannst du das alles ändern.

Du arbeitest dadurch an deiner Persönlichkeit, an deinem Selbstbewusstsein und an deiner Durchsetzungskraft. Es ist deine Entscheidung, wie du in Zukunft leben möchtest. Du musst nur bereit dazu sein. Wichtig ist nur, dass du selbst zu dir stehst und dich selbst magst. Du selbst bist dein eigener Schlüssel zum Glück und nur du kannst dein Leben verän-dern.

Verbiege dich nicht für andere und vor anderen. Sag deine Meinung und gib nicht anderen Recht, nur weil du denkst sie erwarten das von dir. Gib ruhig zu wenn du etwas nicht toll findest, auch wenn alle anderen begeistert sind. Schlucke deine Wut, deine Ängste und deine Sorgen nicht mehr länger hinunter. Lass alles raus und am besten beginnst du damit jetzt.

Eine Sache ist ebenfalls noch wichtig. Denke nicht, dass jede schlagfertige Antwort gut ankommt. Es kann auch manchmal in die Hosen gehen. Entweder du wirst missverstanden, du vermittelst den Sinn falsch, oder der Scherz bleibt anderen im Hals stecken. Lass dich davon jedoch nicht beirren. So ist es nun einmal, auch wenn du einen Witz erzählst ist es nicht automatisch so, dass du die Lacher Aller auf deiner Seite hast. Nicht einschüchtern lassen und fleißig weiter Kontra geben.

Versuche auch niemals dich im Konter rechtzufertigen. Eine schlagfertige Antwort ist niemals dazu da um dich zu verteidigen oder um zu erklären was falsch gelaufen ist. Wenn du so beginnst, dann bringst du dich automatisch und sofort in die Loser Position. Du wirkst hilflos und eher lächerlich. Lass es also. Du musst niemandem beweisen, dass du im Recht bist.

So wenig wie du die Angriffe ernst oder persönlich nehmen sollst, genauso wenig solltest du beim Austeilen persönlich werden. Das bedeutet, es ist nicht schön, wenn du dein Gegenüber persönlich beleidigst. Schlagfertig antworten bedeutet, dass du kreativ und intellektuell mit Worten umgehen kannst, nicht, dass du andere mit Beleidigungen vernichtest.

Sarkasmus, Zynismus und Ironie

Sarkasmus eignet sich gut für schlagfertige Antworten. Doch was genau ist Sarkasmus und wie kann man lernen sarkastisch zu sein? Auch das ist relativ einfach. Wo liegt der Unterschied zum Zynismus und was hat es mit der Ironie auf sich? Damit du diese auch selbst anwenden kannst, sollten wir uns intensiver damit beschäftigen.

Sarkasmus ist die Bezeichnung für spöttischen Hohn, der durchaus beißend und böse sein kann. Eng verbunden ist der Sarkasmus mit Ironie und Zynismus. Sie sind zusammen ebenfalls Werkzeuge der Kommunikation und du kannst sie toll in deine schlagfertigen Antworten einbauen.

Mit ironischen Bemerkungen kannst du sowohl kritisch, als auch witzig sein. Du kannst etwas damit extra Betonen und hervorheben, vorausgesetzt deine Gesprächspartner erkennen die Ironie in deinen Worten. Ironie funktioniert so, dass du das Gesagte ins Gegenteil umkehrst. „Heute ist aber ein besonders schöner Tag" kannst du sagen, wenn es draußen in Strömen gießt und ein Taifun über das Land braust. „Das schmeckt aber lecker" kannst du sagen, wenn dir vor Grausen schon die Gesichtszüge entgleisen, weil das Essen so stark versalzen ist. Damit die Ironie deiner Worte gut erkannt wird ist es wichtig, dass auch deine Mimik und Gestik dementsprechend gut eingesetzt wird. Anhand deines Gesichtsausdrucks sollte man eindeutig erkennen, wie der Satz tatsächlich gemeint war. „Das war das Beste was ich seit langem gehört habe" könnte eine schlagfertige Antwort sein, die sowohl ironisch, als auch ehrlich gemeint sein kann.

Sarkasmus kann auch als passiv aggressiver Sprachstil verwendet werden. Während Ironie meist einen lustigen Touch hat, so schwingt im Sarkasmus stets etwas Böses mit.

Meist dient Sarkasmus dazu, andere lächerlich zu machen oder sogar zu verletzen. Darum sollte Sarkasmus auch eher sparsam und mit Bedacht und Fingerspitzengefühl eingesetzt werden. Am besten ist es, Sarkasmus mit Ironie zu verbinden, um ihn etwas abzuschwächen. „Es wird sicher bald noch einmal grün" ist eine ironisch sarkastische Aussage, die du zum Beispiel an der Ampel machen kannst, wenn der Fahrer die Grünphase verschlafen hat.

Zynische Menschen werden meist für böse gehalten und häufig sind diese auch verbittert. Zynismus wird gerne von Menschen verwendet, die sehr häufig enttäuscht wurden und sich mit diesem sprachlichen Stilmittel schützen. Zyniker haben meist eine gänzlich negative Denkweise und drücken diese auch sprachlich immer mehr als deutlich aus. „Es ist ein Glück, wenn das Unglück andere trifft" ist eine typisch zynische Aussage, die vom großen Dichter und Denker Horaz stammt.

Im berühmten schwarzen Humor sind meist Akzente sowohl von Ironie, Sarkasmus und Zynismus zu finden.

100 Situationen in welchen du schlagfertig sein musst

Dieses Kapitel ist der Bonusteil, den ich extra für dich vorbereitet habe. Es handelt sich hierbei um eine Sammlung der vielleicht typischsten Situationen, in welchen Schlagfertigkeit gefragt ist. Diese Antworten kannst du nach und nach auswendig lernen und dir zu Eigen machen. Je nach

Situation lassen sie sich sehr gut anwenden. Du kannst diese Antworten auch in dein Notizbuch oder auf deine Karteikarten übertragen. So merkst du sie dir auch sofort besser. Vergiss nicht, dass du diese Sprüche auch immer wieder vor dem Spiegel übst.

1. Das kann jeder behaupten. Dies ist ein Satz, der eigentlich immer und überall als Antwort passt, wenn dir jemand etwas Falsches unterstellt.

2. Das hast du aber gut beobachtet. Diesen Satz kannst du je nach Situation auch mit etwas Ironie in der Stimme würzen. Achte dabei auch auf die passende Mimik und Gestik.

3. Ich denke, das hast du dir nur eingebildet. Auch das ist ein Universalspruch, der bei falschen Anschuldigungen immer gut passt.

4. Das ist deine Meinung - ich sehe das allerdings anders. Auch das ist ein Universalspruch, der facettenreich einzusetzen ist.

5. Herzlichen Dank für den Tipp, ich werden ihn mir zu Herzen nehmen. Diesen Spruch kannst du mit Ironie versehen und verwenden, wenn sich jemand ungebeten in deine Angelegenheiten mischt. Zum Beispiel passt er auf Aussagen wie: Das machst du falsch, deine Klamotten passen nicht zusammen, das gehört anders gemacht usw.

6. Wenn es dir dann besser geht, gebe ich dir gerne Recht. Mit diesem Satz nimmst du den typischen Besserwissern den Wind aus den Segeln.

7. Du beobachtest aber ziemlich gut. Dieser Spruch kann bei vielen kleinen Gemeinheiten verwendet werden. Egal ob du auf eine Gewichtszunahme angesprochen wirst, ob sich jemand über deinen Kleiderstil mokiert oder findet, dass du gestresst, müde oder aufgeregt wirkst.

8. Stimmt, normalerweise verwende ich ihn als Gürtel. Dies ist die Antwort darauf wenn jemand behauptet, dass dein Rock doch etwas gewagt kurz ist.

9. Ist es dort oben nicht sehr einsam? Dieser Spruch passt auch immer, wenn dich jemand von oben herab behandelt. Egal ob am Arbeitsplatz oder im Privaten, er bezieht sich darauf, dass du deinen Gesprächspartner dezent darauf hinweist, dass du ihn für hochnäsig hältst.

10. Kannst du mit dein Problem konkret erläutern? Damit überraschst du alle, die normalerweise keine Reaktion von dir erwarten. Egal was dir vorgeworfen wird, mit dieser Gegenfrage zwingst du dein Gegenüber ebenfalls nachzudenken.

11. Worauf basiert deine Behauptung? Auch dieses Kontra erklärt sich von selbst und kann häufig eingesetzt werden. Gerade am Arbeitsplatz sehr wirkungsvoll und ein toller Satz, wenn du deine Schlagfertigkeit erst langsam testest.

12. Leidest du sehr darunter? Das kannst du immer dann sagen, wenn jemand mit deiner Art, deiner Arbeit, deinem Aussehen oder dir generell ein Problem hat.

13. Es ist schön, dass du dir so viele Gedanken um mich machst. Selbstredendes Kontra. Es passt zu allen Vorwürfen, die dich persönlich betreffen und verletzen.

14. War das schon alles? Ich hätte mehr erwartet. Ebenfalls ein Universalspruch, der zu vielen Situationen passt.

15. Du schließt aber bitte nicht automatisch von dir auf andere. Dieser Satz passt bei einer Vielzahl an Unterstellungen. Nutze ihn, wenn dir jemand etwas nicht zutraut, denkt, dass es bei dir schief laufen muss oder dir sonst irgendetwas unterstellt.

16. Ich dachte gerade du beschreibst dich selbst. Das passt immer dann, wenn dir jemand absurde Vorwürfe macht oder deine vermeintlichen Fehler aufzählt.

17. Das nennt man die Ruhe vor dem Sturm. Dies könnte die Antwort darauf sein, wenn dich jemand ständig damit aufzieht, dass du zu ruhig oder zu leise bist.

18. Ich passe mich eben meinem Umfeld an. Dies passt zu sämtlichen Vorwürfen, egal ob optisch oder arbeitstechnisch. Egal ob jemand sagt du seist aus der Form geraten oder du würdest zu langsam arbeiten - diese Antwort sitzt garantiert.

19. Es liegt an meinem erstklassigen Zeitmanagement. Das kann die Antwort auf den Vorwurf sein, du würdest immer sehr früh die Firma verlassen.

20. Ich arbeite eben effizient und benötige halb so viel Zeit wie ihr für die selbe Arbeit. Das ist ebenfalls eine Antwort auf

die Frage oder den Vorwurf, warum du keine Überstunden machst oder immer exakt nach 8 Stunden die Arbeit verlässt.

21. Schwierige Aufgaben löse ich lieber selbst, da weiß ich, dass es auch ordentlich erledigt wird. Das zum Thema Team-fähigkeit.

22. Ich hab es mir selbst gedacht, als mich gerade die Schnecke überholt hat. Dies ist ein humorvoller und ironischer Satz auf den Vorwurf du würdest zu langsam sein.

23. Was beweist, dass man für Karriere und eine gute Allgemeinbildung kein Abitur benötigt. Dies auf den Vorwurf, du hättest kein Abitur, keine Matura oder eine schlechte Schulausbildung.

24. Oberflächlichkeiten waren noch nie mein Fall. Diese knackige und knappe Antwort muss reichem wenn sich jemand über deine Mode oder deine vermeintlich billigen Accessoires lustig macht.

25. Nur Schafe laufen mit der Masse. Dies zum Vorwurf du würdest dich immer absondern und nie mit den anderen zum Essen gehen oder die Pausen verbringen.

26. Danke für das Kompliment. Dies passt auch immer und du kannst deinen Angreifer damit verwirren. Jetzt muss dieser überlegen, inwiefern er dir ein Kompliment gemacht hat. Wenn dieser nun erwidert: „Das war kein Kompliment" dann frag sofort nach was es denn sonst gewesen sein soll und ob er dich etwa beleidigen wollte.

27. Ich liebe deinen Humor. Das kannst du auch immer antworten. Dann hast du Zeit zum Überlegen so lange dein gegenüber erklären muss, dass es sich hier um keinen Scherz gehandelt hat.

28. Wenn ich ein Taschentuch bei mir hätte würde ich jetzt zu weinen beginnen. Das ist ebenfalls eine Antwort auf alle Gemeinheiten. Nun wirst du sehen, wie dein Gegenüber überlegen muss, wie ernst du das nun gemeint hast.

29. Gerade von dir hätte ich mehr Intelligenz erwartet. Auch das sollte sitzen und passt zu vielen Situationen.

30. Dieser Spruch hat einen langen Bart, damit kannst du mich nicht mehr auf die Palme bringen. Auch diese Antwort ist selbsterklärend und passt auf viele Gemeinheiten.

31. Der Vorwurf wäre toll, wenn er denn auch zum Thema passen würde. Das kann deine Antwort auf absurde Vorwürfe sein.

32. Hast du ein Blatt Papier und einen Stift - diesen Spruch muss ich mir notieren.

33. Ich beneide dich um deine Geistesblitze.

34. Echte und konstruktive Kritik würde uns weiterbringen als dieser Mist.

35. Macht dir das Spaß? Das kannst du immer dann antworten, wenn dich jemand ärgert, verletzt oder ungerecht behandelt.

36. Bitte weiter, ich habe heute meinen masochistischen Tag. Auch das passt auf alle Beleidigungen und Vorwürfe.

37. Wenn ich Zeit habe werde ich deine Vorschläge beherzigen. Dies kannst du allen antworten, die dich mit schlauen Vorschlägen und Ratschlägen nerven.

38. Ich denke das besprechen wir später unter vier Augen. Das antwortest du, wenn dich jemand vor versammelter Mannschaft bloßstellen möchte.

39. Such dir bitte nächstes Mal einen passenderen Moment für deine bösen, gemeinen oder unangebrachten Meldungen.

40. Ich denke mit dieser Aussage hast du aber das Thema verfehlt.

41. Darauf hast du schon lange gewartet, dass du mir das an den Kopf werfen kannst.

42. Hast du dir diesen Spruch heute die ganze Nacht lang überlegt?

43. Gut zu wissen, was du wirklich von mir und meiner Arbeit hältst.

44. Sagst du das jetzt, um mich zu beleidigen oder meinst du das ernst?

45. Hast du nichts Neues auf Lager? Du wiederholst dich pausenlos.

46. Wenn man eine Lüge oft wiederholt wird sie deshalb auch nicht wahr.

47. Das war aber ein geistreicher Einwurf. Diesen Satz mit viel Ironie in der Stimme verwenden.

48. Besser nervös und ganz bei der Sache als schlecht vorbereitet und unkonzentriert. Das zum Vorwurf, du seist vor jedem Meeting so aufgeregt.

49. Dafür rede ich nicht die ganze Zeit nur Müll. Das zum Vorwurf, du würdest immer so schweigsam sein.

50. Stimmt ich sollte an meinen Defiziten wirklich arbeiten. Diese ironische Antwort kannst du verwenden, wenn dich jemand klein und schlecht machen möchte. Diese Antwort kommt auch gut an, wenn Publikum zuhört.

51. Ich würde mich ja gerne geistig mit dir duellieren, sehe aber, dass du unbewaffnet bist.

52. Ist das wirklich deine Meinung oder plapperst du nur irgendetwas nach?

53. Genau, und darum passen wir zwei so gut zusammen. Dies ist die Antwort, wenn dir jemand vorwirft kindisch, dumm, langsam oder nicht qualifiziert genug zu sein.

54. Denkst du nicht, dass du mit dieser Aussage deine Kompetenz überschreitest?

55. Wer nur ordentlich ist, der ist nur zu faul zum Suchen. Dies ist ein Standardspruch auf den Vorwurf, du seist zu schlampig.

56. Stimmt, ich bin intelligent, humorvoll und sehr attraktiv. Diese Antwort passt auf den Vorwurf, du wärst typisch Mann oder typisch Frau - er ist universell anzuwenden.

57. Wenn du den Vorwurf auch sachlich fundiert vorbringen könntest, wäre das toll.

58. Kannst du das noch einmal sagen - diesmal vielleicht ohne Beleidigung.

59. Wer schreit muss seine Defizite damit überdecken.

60. Du widersprichst dir selbst andauernd. Gestern hast du das genaue Gegenteil behauptet.

61. Ich denke wir sprechen besser weiter, wenn du dich beruhigt hast.

62. Mit dieser Aussage hast du meine Meinung über dich wieder nur bestätigt - danke.

TECHNIKEN IN DER PRAXIS UMGESETZT

63. Licht ist schneller als Schall, darum sollten manche Menschen besser den Mund geschlossen halten.

64. Siehst du, wir haben doch sehr viele Gemeinsamkeiten. Das passt toll auf Vorwürfe. Egal ob dich jemand wegen deiner Figur oder deiner Bekleidung ärgert, oder deine Kompetenz anzweifelt.

65. Diese Aussage hat bewiesen, dass du in Wirklichkeit absolut keine Ahnung von dem Thema hast.

66. Andere lassen sich vielleicht dadurch blenden oder einschüchtern - bei mir klappt das leider nicht.

67. Womit hab ich das jetzt verdient? Diesen Satz kannst du mit viel Ironie aussprechen, aber auch als ernst gemeinte Frage stehen lassen. Mit Ironie verwirrst du deinen Gesprächspartner, während ihn die ernst gemeinte Frage vielleicht beschämt und zum Nachdenken bringt.

68. Du bist der Erste, der das so scharfsinnig erkannt hat.

69. Rosen wachsen langsamer als Unkraut ist ein Konterspruch, wenn dich Menschen häufig auf deine geringe Körpergröße ansprechen.

70. Man sollte in Würde altern können. Das antwortest du, wenn dich jemand auf deine Falten, deine grauen Haare oder dein Alter allgemein anspricht.

71. Es können nicht alle so perfekt sein wie du. Bei diesem Satz die Ironie nicht vergessen.

72. Deine Vorwürfe treffen mich so hart wie Wattebällchen.

73. Wenn du das nächste mal lügst, dann bitte etwas besser. Das eben hat meine Intelligenz beleidigt.

74. Mit Aussagen wie dieser blamierst du dich nur.

75. Wenn man dich so sprechen hört könnte man meinen, du leidest an Intelligenz-Intoleranz.

76. Bitte erzähl diesen Blödsinn deinem Friseur, einer Parkuhr, der Hand, der Mauer....hier kannst du je nach bedarf Orte oder Personen einsetzen.

77. Wenn ich dir nun darauf recht gebe, dann irren wir uns beide.

78. Ich finde es witzig, dass du mich so unterschätzt.

79. Diese Diskussion kommt mir wie Kindergarten vor.

80. Möchtest du auch eine Portion davon? Dies ist eine Antwort, die man heute immer häufiger benötigt, da Mitmenschen intolerant geworden sind. Nicht selten musst du dir vielleicht als Vegetarier anhören, wie gruselig doch dein Müsli ist, oder Vegetarier ziehen über dein Steak oder deinen

Braten her. Darum, kurz durchatmen und dem Angreifer auch eine Portion anbieten - natürlich mit einem fetten Grinsen im Gesicht.

81. Ich merke, du bist auf dem letzten Wissenstand. Ironie aus.

82. Du musst dich vor mir nicht rechtfertigen.

83. Schade, dass Höflichkeit und Respekt scheinbar nicht mehr modern sind.

84. Ich bin dazu sehr wohl in der Lage, bei dir bin ich mir da aber nicht mehr so sicher. Auf einen Vorwurf, dass du etwas nicht kannst oder unfähig bist.

85. Besser spät als nie. Diese flapsige Antwort kannst du geben, wenn du wieder einmal zu spät bist.

86. Die Letzten werden die Ersten sein. Das passt auf eine Beleidigung wie: „Du bist echt das Letzte"

87. Auf Schwächere herumzutrampeln ist einfach, mich würde interessieren, ob du bei Stärkeren auch so mutig bist.

88. Ich bin selbstbewusst, muss es nur nicht die ganze Zeit extra betonen. Dies auf die Frage warum du so zurückhaltend bist.

89. Leben und leben lassen, davon hast du noch nie etwas gehört. Diesen Kontra kannst du geben, wenn jemand über

alles und jeden schimpft und lästert.

90. Hörst du dich eigentlich selbst auch reden?

91. Du hältst dich für so gebildet, dabei bist du doch selbst aus deinem Dorf noch nie herausgekommen.

92. Bin ich ein Flughafen, dass du denkst, du kannst einfach so bei mir landen?

93. Bist du so begriffsstutzig, oder stellst du dich nur so an?

94. Ich habe kein Interesse an diesem Drama. Wenn ich Drama erleben möchte, dann gehe ich ins Kino.

95. Um deine Gedanken zu verstehen benötigt man auch eine Bedienungsanleitung.

96. Das passiert immer, wenn jemand sehr unsympathisch ist. Das kannst du antworten, wenn dich jemand fragt, warum du so rot geworden bist, so zitterst, so stotterst oder so schwitzt.

97. Es hat sich gerade bewiesen: Denken ist scheinbar reine Glückssache.

98. Mein Soll ist nun für heute aber erfüllt. Diesen Satz kannst du nach vielen peinlichen Situationen anbringen. Egal ob du gestolpert bist, etwas verschüttet hast oder jemand anrempelst. Damit zeigst du Humor und wirkst dennoch selbstbewusst.

99. Mein Wecker hat heute verschlafen. Wenn du zu spät kommst.

100. Jetzt weiß ich wieder, warum ich die Gesellschaft von Menschen meist meide.

Du kannst diese Kontersätze auch nach Belieben ummodelieren und für deine Bedürfnisse anpassen. In meinem Quiz, das ich für dich ausgearbeitet habe findest du im letzten Kapitel zusätzlich viele Fragen und Antworten, die du ebenfalls in dein Repertoire aufnehmen kannst. Vergiss nicht, die Phrasen zu notieren und natürlich auch vor dem Spiegel zu üben. Besonders lustig kann es sein, wenn du diese Sätze mit einem guten Freund übst. Ihr werdet euch vor Lachen krümmen und zusätzlich sattelfest im Umgang mit schlagfertigen Antworten werden.

TECHNIKEN IN DER PRAXIS UMGESETZT

KAPITEL 5

Nachhaltig schlagfertig bleiben

NACHHALTIG SCHLAGFERTIG BLEIBEN

BIS JETZT SIND WIR schon sehr weit gekommen und du hast sicher eine enorme Veränderung bemerken dürfen. Vielleicht konntest du deine Schlagfertigkeit bereits das ein oder andere Mal unter Beweis stellen. Nun darfst du dich jedoch nicht auf deinen Lorbeeren ausruhen. Du hast zwar mittlerweile ein breites Repertoire an Sätzen und schlagfertigen Antworten, doch auch diese sind irgendwann einmal aufgebraucht. Zudem solltest du auch die Sätze nicht inflationär verwenden. Es wirkt ein wenig lächerlich, wenn du immer nur mit drei gleichen Sätzen antwortest, auch wenn ich dir zahlreiche universelle Kontersprüche verraten habe. Daher ist fortlaufendes Training genauso wichtig wie im Sport. Verwende dazu die praktischen Übungen aus dem nächsten Kapitel, arbeite vor dem Spiegel und denk auch daran, dass es Spaß macht mit den besten Freunden an der Schlagfertigkeit zu arbeiten.

Praktische Übungen

Bis jetzt hast du alles quasi auf dem Silbertablett serviert bekommen. Du konntest die schlagfertigen Antworten ablesen und auswendig lernen. Bei meinen praktischen Übungen habe ich nun einige Phrasen und Sätze zusammengestellt, und du versuchst nun dazu eine schlagfertige, kecke Antwort zu finden. Natürlich habe ich dir am Ende auch wieder meine Antworten darauf verraten. Du solltest aber wirklich zuerst dein eigenes Gehirn etwas anstrengen und selbst nach Antworten suchen. Vergiss auch nicht, die potentiellen Antworten in dein Notizbuch oder auf deine Karteikarten zu notieren. So erweiterst du gleich wieder deine Sammlung.

Vorwürfe, Anfeindungen und Sätze für die du Antworten suchen sollst

Meist handelt es sich bei diesen Vorwürfen um sehr persönliche Themen. Daher habe ich hier viele dieser Gemeinheiten für dich gesammelt. Versuche nun eine, oder besser noch mehr treffende Antworten zu finden, die dem Angreifer die Sprache verschlagen. Bei diesen oft gemeinen Fragen oder Feststellungen kannst du auch ruhig mit etwas mehr Schmackes Kontra geben.

1. Feierst du ständig bis in die Nacht, weil du so extreme Augenringe hast?
2. Fühlst du dich mit deinem Schwimmreifen nicht unwohl?
3. Warst du beim Friseur und bist nicht drangekommen?
4. Wie hält es dein Freund nur mit dir aus?
5. Welchen Beruf übt dein Friseur normalerweise aus?
6. Hast du deine Klamotten aus dem Müllcontainer?
7. Willst du mit den Klamotten bei der Kelly Familie mitmachen?
8. Du hast aber auch ordentliche O-Beine.
9. Warum bist du immer so billig gekleidet?

10. Deine Nase ist aber ordentlich krumm?

11. Sind deine Brüste echt?
12. Du siehst mit deiner Oberweite nicht wie eine Frau aus.
13. Du bekommst ja schon direkt eine Glatze.
14. Mit deinen Ohren kannst du bei Sturm abheben.
15. Du bist ganz schön alt geworden.
16. Hast du Angst vor Bewegung?
17. Hast du deine Haare mit Speiseöl behandelt?
18. Hast du für die Klamotten einen Penner überfallen?
19. Hast du den Ring aus dem Kaugummi Automaten gezogen?
20. Bist du Farbenblind?

21. Du bist geschminkt wie ein Clown.
22. Du bist so nervig.
23. Du fährst Auto als hättest du den Führerschein gewonnen.
24. Lebst du eigentlich in der Realität?
25. Warum kommst du immer zu spät?
26. Du isst aber ganz schön viel.
27. Hast du kein Bügeleisen?
28. Bei dir sieht es aber sehr chaotisch aus.
29. Denkst du auch ab und zu nach?
30. Du bist so eingebildet.

31. Du siehst ja schlecht aus.
32. Du sprichst immer so undeutlich.
33. Hörst du schlecht?
34. Du bist so gefühlskalt.

35. Du bist immer so unentspannt.
36. Bist du schwer von Begriff?
37. Warum weichst du meiner Frage aus?
38. Warum geht bei dir alles im Schneckentempo?
39. Warum änderst du immer deine Meinung?
40. Du bist immer nur auf deinen eigenen Vorteil aus.

Häufig sind es auch Anfeindungen, die sich auf das Geschlecht beziehen. Typisch Mann oder typisch Frau, oft wird mit Klischees unter den Geschlechtern gespielt und auch hier habe ich einige dieser möglichen Vorwürfe vorbereitet. So kannst du trainieren und bist bestens vorbereitet.

41. Frauen wollen doch nur das Eine.
42. Frauen und einparken, wie soll das gehen?
43. Frauen und Technik - das geht niemals gut.
44. Männer denken immer nur an das Eine.
45. Du bist kein Mann, sondern ein Weichei.
46. Warum trinkst du keinen Alkohol, hat dir das die Frau verboten?
47. Du trägst Klamotten wie mein Opa.
48. Du hast dieselbe Frisur wie mein Pudel.
49. Hast du deine Tage?
50. Glaubst du mit deiner Oberweite kannst du alles erreichen?

Dann gibt es auch noch richtig unverschämte Fragen oder Vorwürfe, die dich wahrscheinlich normalerweise sofort aus der Bahn werfen. Wenn du ein schwaches Gemüt hast, dann könnten dich diese Sätze zum Weinen bringen. Wenn du aber mit meinen Templates vorbereitet bist, dann knallst du dem Angreifer eine freche Antwort zurück und lachst über die ganze Sache.

51. Dein Partner ist ja absolut unmöglich.
52. Eine Gehirnzelle weniger und du wärst ein Huhn.
53. Du hast eine wirklich unsympathische Art.
54. Mich wundert es nicht, dass du immer noch Single bist.
55. Kannst du nicht lesen? Es steht doch ganz eindeutig hier.
56. Dein Auto sieht aus wie frisch vom Schrottplatz.
57. Denkst du nicht, dass du dafür zu alt bist?
58. Ich schäme mich so für dich.
59. Krieg doch bitte dein Leben in den Griff.
60. Warum kommst du immer so schmutzig daher?
61. Du schreibst wie ein Grundschüler.
62. Wo hat man dich denn aufgegabelt?
63. Du bist so verlogen.
64. Alles was du sagst ist absoluter Blödsinn.
65. Du stinkst aus dem Mund.
66. Du riechst abartig nach Schweiß.
67. Du bist der Beweis, dass man trotz Hirntot noch leben kann.
68. Dein Parfum stinkt wie ein Puff.
69. Du bist so ein Loser.
70. Du bist so egoistisch.
71. Du kannst nie Klartext reden.
72. Du bist so ein Muttersöhnchen.
73. Warum musst du an allem und jeden nur herummeckern?
74. Warum musst du immer nur quasseln?
75. Sag mal, hast du ein Alkoholproblem?

76. Du bist so ein Landei.
77. Warum bist du denn nur so ängstlich?
78. Du bist so langweilig.
79. Du bist so verklemmt.
80. Bei dir ist auch große Klappe und nichts dahinter.
81. Warum denkst du, du bist besser als ich?
82. Stimmt es, dass du keine ordentliche Schulausbildung hast?
83. Stimmt es, dass du schon ewig lange arbeitslos bist?
84. Du bist nur Hausfrau und Mutter?
85. Was? Deine Frau verdient bei euch die Brötchen?
86. Du hast ja von nichts eine Ahnung.
87. Du wiederholst dich andauernd.
88. Bitte komm doch endlich auf den Punkt.
89. Kannst du auch was Sinnvolles beitragen?

Diese Fragen können bei dir im Büro aufkommen. Gerade wer mit vielen Kollegen zusammenarbeitet der kennt das, dass es immer wieder zu kleineren und größeren Reibereien kommen kann. Daher ist es auch hier gut, immer vorbereitet zu sein.

90. Deine Ideen sind null kreativ.
91. Dir ist wohl deine Freizeit wichtiger als die Arbeit.
92. Deine Präsentation war langweilig und katastrophal.
93. Typisch Bürohengst.
94. Du willst dich doch nur beim Chef einschleimen.
95. Du bist so ein Arschkriecher.
96. Du bist so unzuverlässig.

NACHHALTIG SCHLAGFERTIG BLEIBEN

97. Du bist absolut überbezahlt.
98. Wie kann man jemanden mit so wenig Kompetenz einstellen.
99. Bei der Weihnachtsfeier warst du aber ordentlich peinlich.
100. Weißt du, dass die ganze Firma über dich lacht?

Nun hast du hoffentlich zu allen Vorwürfen eine knackige Antwort gefunden. Hast du diese auch vor dem Spiegel geübt und auf deine Mimik und Gestik geachtet? Hast du zu dem ein oder anderen Vorwurf keine Antwort gefunden? Im nachfolgenden Kapitel verrate ich dir, was ich auf diese Gemeinheiten antworten würde. Ich habe meine Antworten von 1 bis 100 durchnummeriert, damit du später jederzeit vergleichen kannst. Wie ähnlich sind deine Antworten den meinen?

Ich denke diese Übung hat dir auch Spaß gemacht. Versuche nun jeden Tag mit diesen Phrasen und Sätzen zu üben. Du musst nicht alles auf einmal durcharbeiten. Nimm dir vielleicht täglich 10 Sätze vor. Wichtiger ist hier, dass dir die Antworten auch in Fleisch und Blut übergehen. Schließlich und endlich geht es ja hier um Schlagfertigkeit. Daher sollst du dir bei allem auch eine gewisse Spontanität bewahren.

Deine schlagfertigen Antworten sollen nicht nur deinem Gegner den Wind aus den Segeln nehmen. Durch deine Antworten kannst auch du selbst auf gewisse Art und Weise Dampf ablassen und du fühlst dich garantiert sofort viel besser. Du kannst dich mit den Antworten zur Wehr setzen und zeigen, dass du dir nicht alles gefallen lässt. Du zeigst Selbstbewusstsein und beweist, dass du nicht der Spielball für alle bist. Du zeigst damit auch, dass du zu dir stehst und dass du eine eigene Meinung hast. Dadurch wirst du dir den Respekt der anderen verdienen. Auch wirst du den ein oder anderen Schmunzler provozieren, wenn deine Antworten mit Humor und Ironie gewürzt werden.

Meine Antworten auf die 100 Fragen und Vorwürfe

Dies sind nun meine schlagfertigen Antworten, die ich spontan für dich notiert habe. Auch wenn deine Antworten stark von meinen abweichen, das bedeutet nicht dass deine oder meine Antworten richtig oder falsch sind. Hier gibt es kein richtig oder falsch - es geht nur darum, dass du dich verbal zur Wehr setzt. Auch beweist du damit, dass man dich nicht so einfach verletzen darf und kann. Du bist stark und zeigst es auch - selbstbewusst und gerade heraus.

1. Die Augenringe sind mein Markenzeichen. Meine Vorfahren waren Pandabären.
Ich bin jung und wann wenn nicht jetzt soll ich feiern?
Die Augenringe kommen von einer anderen nächtlichen Beschäftigung.
Die Augenringe habe ich, weil ich ständig die Arbeit anderer mitübernehmen muss.

2. Besser Schwimmreifen als gar keine Komfortzone.
Ich lebe mit meinem Schwimmreifen gut. Wie lebst du mit deiner Dummheit?
Besser etwas dran, als dürr und verbittert.

3. Ja, Mist, fällt das auf?
Ach, ich finds chic, du nicht?
Ja, ich denke ich verklage den Friseur, 200 Euro für nix.

4. Ich hab wenigstens einen Freund, wie sieht es bei dir aus?
Ach, der ist ganz zufrieden, er ist halt Phlegmatiker.
Ich denke besser als er es mit dir aushalten würde.
Neidisch, oder wie?

5. Gut, dass du das ansprichst, er macht sowohl meine Hunde, als auch mich.
Erkennt man das nicht, er ist Promi Friseur.
Muss ich ihn mal fragen. Möchtest du auch einen Termin dort?

6. Stinken meine Klamotten?
Die Ansage finde ich schon etwas frech.
Naja, da sieht man mal, welch tolle Klamotten Menschen wegwerfen.

7. Ja, ist eine gute Idee.
Ich finde Vintage gut.
Da musst du gerade reden.

8. Ja ist praktisch, da kann ich gut durchgucken.
Hab es mir auch gerade gedacht, als mein Hund mitten durchgelaufen ist.
Besser als deine X-Beine.

9. Weil ich einfach nicht mehr Geld zur Verfügung habe.
Ich bin nicht so ein Luxusmensch wie du.
Hauptsache chic und sauber, Preis und Marken interessieren mich nicht.

10. Das ist eine typische Charakternase.
Wenn du frech bist, dann ist deine auch gleich krumm.
Das kommt davon, wenn man frech ist.

11. Nein, deine?
Bist du neidisch darauf?
Hat mir mein Partner zum Geburtstag gekauft, schön nicht?
Nein, so schön können keine echten Brüste sein.

12. Dafür wie Schneewittchen, ohne Arsch und ohne Tittchen.
Ach, ich bekomme genug Komplimente dafür.
Lieber eine kleine Oberweite, als so billige aus Plastik.

13. Ein schönes Gesicht benötigt viel Platz.
Das kommt vom ständigen Ärgern.
Das kommt vom ständigen Denken.

14. Ja, finde das sehr praktisch, da benötige ich keinen Helikopter.
Man merkt, dass ich mit Dumbo verwandt bin, oder?
So hat jeder seine kleinen Makel.

15. Keine Angst, auch vor dir hat die Zeit nicht Halt gemacht.

Ich habe kein Problem mit dem Alter, du anscheinend sehr wohl.

16. Nein, ich schwitze nur nicht gerne.
Richtig, ich mag es lieber gemütlich.
Man muss nicht immer Hummeln im Hintern haben.

17. Würde bei deinem Spliss auch nicht schaden.
Das ist Pomade du Banause.
Man merkt du hast von Trends keine Ahnung.

18. Nein, er hat sie mir freiwillig überlassen.
Second Hand, aber dennoch stylisch und cool.
Machst du das nicht auch immer?

19. Ja, man sieht, es muss nicht immer teuer sein.
Ja, reicht doch, ich brauche keine Status Symbole.
Ich bin ja nicht so verwöhnt wie du.

20. Nein, aber du wie es aussieht.
Die Farben beißen sich nicht, das ist Trend.
Kann sein, aber es macht mir auch nichts aus.

21. Wie meinst du das? Das ist nach einem YouTube Tutorial.
Du kannst das nicht beurteilen, du Naturschönheit.
Die anderen finden es schön.

22. Ich weiß, manchmal nerve ich mich selbst.
Das Kompliment kann ich genauso retour geben.

Nervig, aber auch unterhaltsam und süß, nicht?

23. Hab ich doch auch.
Ich fahre lieber vorsichtig und langsam, als ständig Strafzettel zu kassieren.

24. Ja garantiert, warum fragst du das?
Ich denke ich bin realistischer als du.
Es schadet ab und zu nicht, der Realität zu entfliehen.

25. Weil das Beste immer zum Schluss kommt.
Ich liebe es einfach, wenn alle auf mich warten.
Lass mir doch meinen großen Auftritt.

26. Ich kann es mir aber auch leisten.
Keine Angst, du musst die Rechnung auch nicht bezahlen.
Ja, essen und trinken hält Leib und Seele zusammen.

27. Das ist modern, Knitterlook, kennst du das nicht?
Doch, aber ich kann es nicht bedienen und die Bügelfrau hat Urlaub.
Nein, möchtest du meine Klamotten bügeln?

28. Wer ordentlich ist, ist nur zu faul zum Suchen.
Findest du, also ich finde mich hier gut zurecht.
Chaos ist ein Zeichen für Kreativität.

29. Ständig, du nicht?

Hörst du nicht mein Gehirn rattern?
Ja, oder woher denkst du, dass die vielen guten Ideen kommen?

30. Nein, ich kenne nur meinen Wert.
Kann es sein, dass du kein Selbstwertgefühl hast?
Der Vorwurf ist absolut nicht gerechtfertigt.

31. Schlecht im Sinne von...?
So toll siehst du jetzt auch nicht gerade aus.
Da siehst du, wie sehr mich dieses Gespräch ermüdet.

32. Ich denke du sitzt auf deinen Ohren.
Das ist mein Dialekt und dazu stehe ich.
Ich glaube ich kaufe dir ein Hörapparat.

33. Nein, ich höre dich ganz gut, will aber nicht hören.
Ja, was hast du noch gesagt?
Ich höre was du sagst, verstehe jedoch nicht, was du damit meinst.

34. Nein, aber ich bin auch nicht euphorisch.
Soll ich dich umarmen?
Wem sollte ich mehr Gefühle entgegenbringen?

35. Ich bin total relaxt, denke du fasst da etwas falsch auf.
Nein, ich bin entspannt, bis mich jemand ärgert.
Wie soll man bei diesem Krach auch entspannen.

36. Wie meinst du?

Erkläre mir das bitte.
Begriff, welcher Begriff?

37. Welcher Frage weiche ich aus?
Wie war die Frage?
Merkst du nicht, dass ich keine Lust darauf habe?

38. Lieber langsam und ordentlich, als schnell und schlampig.
Man sieht doch, was beim Schludern herauskommt.
Ich nehme mir für die wichtigen Dinge im Leben einfach Zeit.

39. Ich denke da habe ich auch ein Recht darauf.
Weil sich Situationen auch ändern.
Nichts ist in Stein gemeißelt, oder?

40. Du nicht?
Jeder ist sich selbst der Nächste.
Ja aber du siehst, nur so kann man auch viel erreichen.

41. Was wäre denn das Eine?
Ja, Geborgenheit, Liebe und schnelle Autos.
Du nicht?

42. Kurbeln und den Rest hört man dann.
Ich habe einen Einpark-Assistenten, also betrifft es mich nicht.
Wir können uns gerne messen.

43. Aber Männer und Technik das passt?
Bist du wirklich so altmodisch, dass du das an Geschlechtern

festmachen musst?

44. Liebe, Sex und Geld, oder woran?
Woran denkst du?
Das hättest du wohl gerne?
Wird das eine Anmache?

45. Ich stehe zu meinen sanften Zügen.
Lieber weich und sensibel, als hart und Arsch.
Soll ich mich für dich verändern?

46. Nein, aber ich sehe ja, was Alkohol aus den Menschen macht.
Wurde dir befohlen zu saufen?
Brauchst du für alles eine Genehmigung?

47. Dann hat dein Opa aber einen tollen Modegeschmack.
Ja, Retro ist wieder in.
Toll dann kann ich mit deinem Opa ja mal Klamotten tauschen.

48. Zeig ein Foto von dem schönen Pudel.
Schnitt oder Farbe?
Hätte ich dir nicht zugetraut, dass du ein Haustier hast.

49. Warum, was möchtest du von mir?
Nein, ich zeige auch ohne Periode meine Gefühle.
Ja, darum sei auf der Hut.

50. Ja, man merkt doch, dass ich es kann.
Fühlst du dich benachteiligt?
Nein ich punkte auch durchaus mit Intelligenz und Charakter.

51. Es ist auch mein Partner und nicht deiner.
Gut, dass ich dich nicht um deine Meinung gefragt habe.
Unmöglich für dich - ja unmöglich zu erreichen.

52. Diese Aussage zeugt auch von Intelligenz.
Eine Gehirnzelle weniger und du wärst ein Schwein.
Treffen sich zwei Gehirnzellen....

53. Du wirst auch nicht mein bester Freund.
Komisch, die anderen finden mich absolut nett.
Es kommt immer drauf an mit wem man spricht.

54. Meinst du das als Kompliment?
Ja ich weiß, es gibt selten so gute Typen, die zu mit passen würden.
Hast du eine Beziehung?

55. Ups, das ist mir jetzt entgangen.
Leihst du mir mal deine Brille?
Sorry hatte meine Kontaktlinsen nicht an.

56. Ich kann mir halt keinen neuen Porsche leisten.
Aber er bringt mich verlässlich von A nach B.
Ich schäme mich aber auch nicht dafür.

57. Was sagt denn das Alter darüber aus?
Ab wann denkst du, ist man zu alt dafür?
Findest du mich zu alt?

58. Musst du nicht, du bist nicht meine Mutter.
Wofür schämst du dich denn?
Ach, sei doch nicht so mädchenhaft.

59. Ich habe meines im Griff. Wie sieht es bei dir aus?
Kannst du das alles so gut beurteilen?
Wenn sich jeder um sein eigenes Leben kümmern würde...

60. Weil ich hart arbeite und dabei schmutzig werde.
Wenn du auch immer genau nach der Gartenarbeit vorbei kommst.
Ich scheue die Arbeit nicht, wie man sieht.

61. Oder wie ein Arzt.
Bei mir zählt der Inhalt, nicht die Optik.
Man muss halt kreativ sein beim Lesen.

62. Wer soll mich aufgegabelt haben?
Ich denke das war in deiner Ecke, so gleich neben dir.

63. Flexibel in der Aussage nennt man das.
Ich habe keinen Grund zu lügen.
Die Wahrheit würdest du auch nicht ertragen.

64. Ach, findest du?

Darum hängen alle so gespannt an meinen Lippen.
Blödsinn, wie man merkt finden es andere interessant.

65. Ja sorry, ich verklage die Kantine - die hat wieder Knoblauch ins Essen gepackt.
Ach, ein Kaugummi und es geht schon wieder.
Das dient dazu, damit die Menschen Abstand halten.

66. Ich war auch gerade laufen.
Das ist männlich.
Da hat anscheinend mein Deo versagt.

67. Wer hat dich so verletzt, dass du so gemein geworden bist?
Aber scheinbar bin ich dennoch cleverer als du, gibt dir das zu denken?

68. Du musst es ja wissen.
So gut riecht es in einem Puff.
Lecker, nicht? Da fühlst du dich gleich wie daheim.

69. Wo soll denn ich ein Loser sein?
Besser Loser als total verkorkst.
Lieber Loser und aufrecht, als Winner und durchtrieben.

70. Nein, ich achte nur auf mich.
Ein gesunder Egoismus hat noch niemandem geschadet.
Hab ich dir dein Spielzeug weggenommen?

71. Doch, aber du kapierst es anscheinend nicht.

Verträgst du die Wahrheit?
Soll ich es dir aufschreiben?

72. Ich finde da nichts Schlimmes daran.
Mich mögen meine Eltern wenigstens.
Muttersöhnchen, aber auch sehr sympathisch, nicht?

73. Na wenn alles perfekt wäre, gäbe es auch nichts zu meckern.
Verträgst du keine Kritik?
Nicht an allem und jedem, nur an allem Schlechtem.

74. Es gibt doch so viel zu besprechen.
Du kannst aber auch weggehen, dann hörst du mich nicht.
Anscheinend gefällt es dir, sonst würdest du nicht ständig zuhören.

75. Nicht mit, aber ohne.
Ach, ich mache halt gerne Party.
Schön, dass du dich so um mich sorgst.

76. Da ist doch nichts Schlimmes daran.
Besser Landluft als Stadtmief.
Du würdest dich wundern wie weit gereist ich bin.

77. Wenn du alles wüsstest, würdest du auch Angst haben.
Ich bin klein und schutzbedürftig.
Das ist meine Masche, und wie man sieht, zieht die gut.

78. Warum bist du dann immer noch hier?
Ich langweile mich nicht mit mir.
Dann sorge doch du für Unterhaltung.

79. Besser als billig und zu freizügig.
Verklemmt nicht, nur nicht an dir interessiert.

80. Hast du schon hinter die Kulisse geblickt?
Psst...verrate doch mein Geheimnis nicht.
In diesem Umfeld muss ich auch nicht mehr bieten.

81. Denken?
Ich mach nichts, es ist einfach so.
Fühl dich nicht unterbelichtet und heul nicht rum.

82. Was ist deiner Meinung nach ordentlich?
Auch ohne Abschluss verdiene ich besser als du.
Auch ohne Abschluss bin ich sicher erfolgreicher und glücklicher als so manch anderer.

83. Ja leider, ich bin einfach überqualifiziert.
Hast du einen Job für mich, oder warum fragst du?
Nein, wer behauptet diesen Unsinn?

84. Nur? Denkst du das ist keine vollwertige Aufgabe?
Ja, und ich bin stolz darauf.
Übernimm einen Tag meine Aufgabe, dann wirst du das „nur" revidieren.

85. Ja, sie hat die bessere Position, daher ist das nur schlau.
Soll ich mich dafür schämen?
Wir entsprechen halt nicht dem Klischee.

86. Davon aber eine ganze Menge.
Dann lass mich doch an deinem Wissen teilhaben.
Weißt du so viel mehr als ich - lass hören.

87. Wenn es beim ersten Mal nicht kapiert wird, muss ich es wiederholen.
Hast du das bemerkt?
Warum folgst du dann meinen Anweisungen nicht?

88. Ach, ich mache es lieber spannend.
Der Punkt ist...
Den Höhepunkt hast du schon verpasst.

89. Wer entscheidet was sinnvoll oder nicht sinnvoll ist?
Ich denke damit würde ich dich überfordern.

90. Dann hast du keine Ahnung von Kreativität.
Das ist vielleicht deine Meinung, ich denke das sollte der Kunde entscheiden.

91. Ich achte auf eine gute Life-Work-Balance.
Ich opfere mich bewusst nicht für die Arbeit auf.
Mir ist beides gleich wichtig, man muss es auch nicht übertreiben.

92. Das sagst du jetzt? Warum nicht während der Präsenta-tion?
Bist du neidisch, weil sie bei allen anderen gut angekommen ist?
Hast du einen Verbesserungsvorschlag?
Dann mach du es doch besser.

93. Da höre ich Neid aus deiner Stimme.
Ja, es ist doch gemütlich.
Dafür habe ich auch studiert.

94. Schleimen muss ich nicht, der liebt mich auch so.
Man muss schon sein Können zeigen.
Du hast doch auch dieselbe Ausgangsposition.

95. Das weise ich strikt zurück.
Dann werden wir uns sicher bald treffen.
Das sagt der Richtige, selbst einen braunen Rand am Hals aber lästern.

96. Komisch, dass mir dennoch alle vertrauen.
Sei nicht so pingelig.
Verlasse dich auf mich und du bist verlassen.

97. Und auch unterqualifiziert - aber verrate es nicht weiter.
Nein, es wurde einfach mein echter Wert erkannt.
Nur kein Neid - harte Verhandlungen machen sich bezahlt.

98. Willst du an der Kompetenz von unserem Boss zweifeln?
Frag deinen Chef.

Das war jemand, der sich richtig gut auskennt.

99. Was war denn so peinlich - ich weiß von nichts.
Eifersüchtig, weil ich nicht dich geküsst habe?
Ich hatte Spaß.

100. Ach, lass den anderen doch die Freude.
Da siehst du, was ich alles für ein gutes Betriebsklima mache.
Das berührt mich nicht, heute ich, morgen du.

Dies sind jetzt meine Antworten, die ich spontan für dich notiert habe. So siehst du, wie man antworten könnte. Es heißt aber nicht, dass man genauso antworten muss. Es soll einfach eine kleine Hilfestellung für dich sein und es ist garantiert auch interessant deine eigenen Antworten mit meinen zu vergleichen. Du kannst deine spontanen und schlagfertigen Antworten zu den Fragen auch jederzeit wiederholen. Du wirst bemerken, dass sich die Antworten auch je nach Stimmung ändern können. Zudem macht etwas Training auch eine Menge aus.

Rhetorische Fragen - eine weitere Technik für deine Schlagfertigkeit

Rhetorische Fragen sind Fragen, auf die der Fragesteller keine wirklichen Antworten erwartet. Sie sind ein Stilmittel der Rhetorik und dienen eher dazu, deine zuvor getätigte Aussage ein weiteres Mal zu bekräftigen oder zu unterstreichen.

Wenn du eine rhetorische Frage stellst, dann erwartest du von deinem Gegenüber nicht, dass er dir auch eine informative Antwort darauf gibt. Sie dient eher dazu, deinen Gesprächspartner auf subtile Art ein weiteres Mal zu beeinflussen. Diese Fragen können auch in einen Nebensatz eingebaut werden und müssen nicht zwingend mit einem Fragezeichen enden.

„Ich frage mich, wie lange du das so noch durchziehen möchtest" ist zum Beispiel eine rhetorische Frage, die ohne Fragezeichen auskommt, eigentlich keine Frage ist und dennoch eine Frage aufzeigt.

„Sehe ich aus wie deine Sekretärin?" ist ebenfalls eine rhetorische Frage, die in direkter Weise keine Antwort erwartet. Dein Gesprächspartner sollte damit keineswegs deine Optik beurteilen, lediglich aufgerüttelt werden. Durch diese rhetorische Frage erinnert er sich, oder sollte sich erinnern, dass es nicht zu deinem Aufgabenbereich zählt, seine Akten zu sortieren oder seine Telefonanrufe entgegen zu nehmen.

„Bist du denn schon ganz größenwahnsinnig geworden?" zählt ebenfalls zu den rhetorischen Fragen. Du hast bereits dein Urteil gefällt, und unterstreichst dieses mit der Aussage. Dein Gegenüber wird nach Luft schnappen, nachdenken und meist auch keine Antwort darauf geben.

Die rhetorische Frage ist somit eine Aussage, die du freundlicherweise als Frage tarnst. Dadurch, dass es als Frage formuliert wird, ist die Aussage nicht ganz so hart, direkt oder auch gemein. Du hast der Behauptung, die du vermitteln möchtest, eine neutrale, suggestive Form verliehen.

„Habe ich es dir nicht immer gesagt?" oder „Das ist jetzt aber nicht dein Ernst" sind typische Fragen, die du immer wieder anwenden kannst. Durch diese Fragen implizierst du die erwartete Antwort bereits im Gehirn deines Gesprächspartners. Meist bleibt ihm danach keine andere Wahl als „Ja, natürlich" oder „Selbstverständlich nicht" zu antworten. Im direkten Dialog, aber auch in Streitgesprächen oder hitzigen Diskussionen geht meist der Punkt nach einer rhetorischen Frage eindeutig an dich.

„Denkst du wirklich, du kannst das Gespräch auf diese Weise beenden?" ist eine rhetorische Frage, die eindeutig deinen Unmut zeigt, keine Antwort erwartet und doch klar und deutlich in der Aussage ist. „Bist du nun zufrieden?" oder „Bist du nun stolz auf dich" haben eine ähnliche Wirkung und Aussagekraft.

Besonders schön kannst du in diesen rhetorischen Fragen auch sogenannte Euphemismen einbauen. Dabei handelt es sich um eine besondere Art des Umformulierens oder des Schönredens, bei der du zusätzlich deine Wortgewandtheit zeigst und gleichzeitig höflich wirkst. „Kann es sein, dass du heute aber ganz schön konfliktfreudig bist?" klingt auf jeden Fall gewählter, als „Du bist ordentlich zickig und streitsüchtig".

Dabei kannst du sowohl etwas sarkastisch sein, oder eben alles mit einem breiten Lachen und einer Portion Humor garnieren. Euphemismen können natürlich von deinem Gegenüber auch falsch oder eben nicht verstanden werden, doch der Großteil der Menschen kapieren sehr wohl, dass es sich bei diesen Retourkutschen um kein Kompliment handelt und können den Sinn auch durch die Blume verstehen.

Nimm nun dein Notizbuch zur Hand und suche dir verschiedene Euphemismen. Anstatt dumm wird bildungsfern oder lernresistent verwendet. Ein komplizierter Mensch wird zu einer herausfordernden Person und generell kannst du Probleme als Herausforderung oder Test benennen. Falsch wird zu fragwürdig, schlecht zu suboptimal und teuer bezeichnest du als kostenintensiv. Wenn dir etwas nicht gefällt, dann weißt du darauf hin, dass du andere Vorstellungen hattest und anstatt etwas als falsch abzukanzeln kannst du auf eine weitere Prüfung oder Kontrolle durch dich beharren.

Diese Euphemismen lassen sich nicht nur in rhetorischen Fragen, sondern generell in alle schlagfertigen Antworten wunderbar einbauen. Es hört sich besser an, jemand als infantil, als kindisch zu bezeichnen und der Satz: „Du redest Stuss" ist in der Form von „Du triffst stets eine sehr unglückliche Wortwahl" ebenfalls netter und dient bei Zuhörern auch als Belustigung. Dies ist doch der Sinn von schlagfertigen Antworten. Du sollst nicht nur deinen Standpunkt klar stellen, sondern verzwickte Situationen auch mit etwas Humor auflockern.

Dein Gegenüber wird garantiert etwas überlegen müssen, wenn du ihn als kognitiv herausgefordert bezeichnest als ihn schlichtweg dumm zu nennen. Auch verhaltensoriginell ist zum Beispiel ein Wort, dass du sehr gut verwenden kannst und damit den einen oder anderen Schmunzler erhältst. Du kannst auch eigene Wortkombinationen erfinden, die zusätzlich für den ein oder anderen Lacher sorgen.

Spiel einfach mit Worten, Satzkombinationen und der Sprache im Allgemeinen. Schlagfertig sein bedeutet nicht nur Selbstverteidigung. Du solltest nicht als eine Person gelten, die immer schnippisch und frech antwortet, sondern als Mensch, den man für seine sprachlichen Raffinessen bewundert. Mit witzigen Euphemismen kann man dir auch nicht böse sein.

Innere Blockaden durchbrechen

Garantiert ist es dir schon öfter so ergangen. Jemand wirft dir eine Gemeinheit an den Kopf und in deinem Gehirn hast du auch eine tolle Antwort parat. Jedoch will diese einfach nicht über deine Lippen kommen. Es ist als würde dich etwas daran hindern und du bringst einfach kein Wort heraus. Das ist natürlich enorm ärgerlich. Vielleicht passiert dir das auch, obwohl du dir schon viele schlagfertige Antworten angeeignet hast und fleißig vorm Spiegel geübt hast. Schuld an dieser Misere können innere Blockaden sein.

Doch woher kommen diese Blockaden? Es kann sein, dass du von Haus aus schüchtern bist, dann kannst du dein Selbstbewusstsein mit meinen Übungen und Techniken Schritt für Schritt aufbauen. Blockaden können jedoch auch nur bei gewissen Menschen auftreten. So kann es sein, dass du mittlerweile immer schlagfertig bist, nur bei deinem Boss, oder bei einem potentiellen Partner versagt die Stimme und es will einfach keine pfiffige Antwort aus deinem Mund kommen.

Blockaden können entstehen, wenn dich diese Person schon öfter böse vorgeführt hat. Dann hast du einfach Hemmungen, und auch Angst, dass dich diese Person wieder bloßstellen könnte. Hier solltest du die Hemmungen und Ängste über Bord werfen. Dabei helfen können dir Mantras. Diese kannst du dir immer wieder vorsagen und so die Angst vor gewissen Personen verjagen.

Bei einer inneren Blockade arbeitet das Unterbewusstsein gegen den Verstand. Obwohl du bestens vorbereitet bist und eigentlich keck antworten willst, hält dich dein Unterbewusstsein davon ab. Irgendetwas in deinem Unterbewusstsein fungiert hier als Bremse. Neben den Übungen, der Meditation und Yoga gibt es noch einen kleinen, sehr angenehmen Trick, wie du innere Blockaden lösen kannst.

Bei dieser Übung handelt es sich um eine Art Massage, die du ganz einfach und rasch selbst durchführen kannst. Ich liebe diese kleine Massage, die sehr eng mit einer Lymphdrainage verwandt ist und Blockaden löst und zugleich deine Chakren öffnet und aktiviert.

Dazu legst du dich flach auf den Boden oder auf die Couch, oder auch ins Bett. Wichtig ist, dass du gemütlich und gerade liegst. Du solltest dazu am besten nackt sein, oder zumindest die Körperzonen bequem erreichen, die du stimulieren musst. Zuerst legst du beide Hände an deine Leiste. Die Hände sollen hier komplett und flach aufliegen. Nun übst du hier einen sehr sanften Druck aus und beginnst mit den Händen zu kreisen. Dabei bleiben die Hände jedoch immer flach an der Leiste, genau in der Beuge liegen. Es darf sich kein Finger ins Fleisch bohren und sämtliche Bewegungen sollen sehr sanft und behutsam durchgeführt werden. Hier wiederholst du etwa dreimal 10 kreisende Bewegungen.

Anschließend wandern deine Hände hoch zum Rippenbogen. Nun legst du die flachen Hände hier links und rechts unter deinen Rippenbogen. Auch hier führst du sanfte kreisende Bewegungen mit einem sehr leichten Druck aus. Weiter geht es dann mit deinem Schlüsselbein. Auch hier werden die Hände wieder links und rechts aufgelegt und die Bewegungen sind sanft und kreisend und der Druck nur unmerklich.

Danach nimmst du mit Daumen und Zeigefinger deine Ohrläppchen in die Hand. Massiere die Ohrläppchen nun sanft. Es soll nicht schmerzen und du sollst die Berührung nur sehr sanft spüren. Danach nimmst du die rechte Hand und führst diese zu deiner Nase. Vom Nasenansatz massierst du nun mit Daumen und Zeigefinger die Nase vorsichtig abwärts und wieder aufwärts. Die Finger wandern weiter zu deinen Augenbrauen und mit punktartigen und kreisenden Bewegungen massierst du nun deine Augenbrauen. Zuletzt nimmst du deinen Zeigefinger und massierst dein drittes Auge. Dieses liegt genau zwischen deinen Augenbrauen. Auch hier kannst du dreimal etwa 10 kreisende und sanfte Bewegungen durchführen. Wenn du mehr Zeit hast, kannst du die Massage auch bedeutend länger ausführen. Wichtig ist nur, dass es dir angenehm ist.

Um diese Übung abzuschließen klopfst du dich im Anschluss ab. Du beginnst dabei oberhalb des Schlüsselbeins und klopfst schnell aber nicht zu fest hinunter bis unter den Rippenbogen und wieder hinauf. Dies kannst du ebenfalls einige Male wiederholen. Während des abschließenden Abklopfens kannst du auch ein Mantra wiederholen. „Danke für das Lösen meiner Blockade" wäre zum Beispiel ein passendes Mantra, du kannst aber jedes x-beliebige Mantra verwenden, mit dem du dich wohl fühlst.

Diese Übung kannst du jeden Tag wiederholen, oder auch wenn eine besonders stressige Situation bevorsteht. Die kleine Massage im Gesicht und das Abklopfen kannst du auch bequem in der Mittagspause machen, wenn zum Beispiel am Nachmittag ein Gespräch mit dem Boss am Plan steht und du etwas aufgeregt bist.

Ebenfalls sehr beruhigend und optimal im Büro anzuwenden ist eine kleine Fingermassage. Dazu nimmst du Daumen und Zeigefinger einer Hand und massierst damit mit sanften und kreisenden Bewegungen die Fingerkuppen der anderen Hand. Diese Massage löst nicht nur Blockaden, sondern versorgt dich auch wieder mit Energie. Daher ist diese Massage während der Arbeit besonders hilfreich und niemand wird es bemerken, dass du dir damit einen extra Energiekick holst.

Du musst auch davon überzeugt sein, dass du mit diesen Massagen deine Blockaden lösen kannst. Blockaden bauen sich im Unterbewusstsein auf und lassen sich auch genau so wieder abbauen. Du musst nur selbst auch überzeugt davon sein. Diese Techniken helfen auch, wenn du öfter unter einem Blackout leidest, denn auch ein Blackout ist nur ein Symptom einer inneren Blockade.

Um inneren Blockaden keine Chance zu geben, solltest du generell darauf achten, immer positiv zu denken. Mach dir keine Sorgen, wie der Boss über dich denken könnte und hab keine Angst, den Fremden im Kaffeehaus oder im Club anzusprechen. Es wird dir niemand etwas Böses antun. Deine gesamten Ängste und Hemmungen sind absolut unberechtigt. Wichtig ist, du bist selbst überzeugt davon, dass alles gut wird.

Du kannst dir die inneren Blockaden auch als eine Art Hürde vorstellen, die es zu überwinden gilt. Hier hilft dir die Technik der Visualisierung gut. Stell dir also die Blockade tatsächlich wie eine Hürde vor, über die du springen musst. Nimm Anlauf und hüpfe mit einem riesen Schritt darüber hinweg. Wenn es dir leichter fällt kannst du dir auch vorstellen, du würdest dabei auf einem Pferd sitzen und auf dessem Rücken über die Hürde springen. Sieh dich dabei selbst, wie du befreit lachst und wie die Blockaden wie ein Eisberg von dir abfallen. Du kannst dir die Blockaden auch als dicke und schwere Eisenkette vorstellen, die sich um deine Körper gelegt hat. Nun zerreißt du diese Kette und wirfst sie ab. Je öfter du dieses Bild vor Augen hast, um so weniger werden dich deine Blockaden im täglichen Leben behindern.

Auch in schweren Situationen gelassen bleiben

Was bedeutet Gelassenheit und gelassen bleiben? „Du musst gelassener auf alles reagieren" - diese Aussagen sind nicht gerade hilfreich in Situationen, in welchen es im Bauch brodelt und die Hitze bis in den Kopf steigt. Du fühlst dich, als müsstest du gleich explodieren und jemand kommt mit diesem Ratschlag. Es ist doch zum aus der Haut fahren, oder? Indem du schlagfertige Antworten auf der Zunge hast, bleibst du auch etwas gelassener. Fällt dir jedoch nichts ein, dann kann es leicht passieren, dass alles explodiert.

Stress ist ein Faktor, der dir deine Gelassenheit stiehlt und jede Art von Aufregung sorgt dafür, dass du alles bist, nur nicht gelassen. Doch wie schaffst du es, gelassen zu bleiben? Wie schaffen es andere, die nichts aus der Ruhe bringen kann? Ich verrate dir nun meine Tricks, denn auch ich bin nicht von Natur aus gelassen, sondern muss immer an meiner Gelassenheit arbeiten.

Das Gemeine an der Sache ist, tagtäglich gibt es unzählige Situationen, die dich ausflippen lassen. Egal ob bei der Fahrt in die Arbeit, wenn der Fahrer vor dir ständig vergisst den Blinker zu betätigen, zu Hause, wenn die Kinder um die letzte Scheibe Toast zanken oder auf Arbeit, wenn die Kollegin die ganze Zeit nur jammert und schimpft. All diese Situationen zehren und zerren an deinen Nerven und am liebsten würdest du laut schreien.

Doch warum solltest du überhaupt gelassen bleiben? Ganz einfach, wenn du dich immer aufregen musst, dann schlägt sich das früher oder später auf deine Nerven. Dadurch bist du anfälliger für Burn-out und auch Depressionen. Dies sind natürlich Erkrankungen, auf die jeder gut und gerne verzichten kann. Daher ist es doch besser vorzubeugen und frühzeitig an der Gelassenheit arbeiten, bevor Schlimmeres passiert.

Meditation, Atemübungen, Mantras und Yoga helfen dir natürlich von Grund auf gelassener zu sein und auch die kleinen Massagen, die ich dir verraten habe dienen dazu, ruhig zu bleiben und tief Luft zu holen. Doch ich habe noch einige Tipps mehr, die du vor allem direkt vor Ort anwenden kannst. Es bringt die beste Meditation am frühen Morgen nichts, wenn die die Nachbarin oder die Arbeitskollegin am Nachmittag zur Weißglut treibt. Daher sind viele diese Tricks sogenannte Instant Tricks, die du anwendest, wenn du die Hitze in dir aufsteigen spürst.

Wenn dir jemand mit einer blöden Meldung kommt, und du auch schon schlagfertig geantwortet hast, kann es dennoch sein, dass du noch nicht wirklich erleichtert bist. Innerlich beginnst du zu kochen und du merkst, wie dein Puls schneller und schneller wird. Nun bemerkst du das ja selbst auch. Stell dir nun im Stillen selbst die Frage, warum du dich so sehr aufregst, und ob es die ganze Angelegenheit wert ist. Dadurch beginnst du zu reflektieren und dich zu besinnen. Frust und Stress können dadurch etwas abklingen und meist beruhigst du dich durch diese Frage automatisch. Du kannst aber auch laut aussprechen „Ich habe echt keine Lust, mich von dir ständig so ärgern zu lassen." Dadurch stoppst du deinen Kontrahenten und auch dir wird der Frust etwas von der Brust abfallen.

Wenn dich jemand frustriert, beginne zu lachen. Lachen ist Medizin und ein Allheilmittel. Durch das Lachen fühlst du dich selbst im Nu viel besser und gleichzeitig verwirrst du dein Gegenüber. Dein Gesprächspartner muss nun überlegen, ob er etwas Witziges gesagt hat, ob du ihn veräppeln willst oder ob du einfach wahnsinnig geworden bist. Dich aber befreit das Lachen und auch der Körper wird durch das Lachen kräftig mit Sauerstoff versorgt. Ironisches Lachen kann manchmal auch besser als eine schlagfertige Antwort sein.

Weiter ist es wichtig, dass du in diesem Fall auf deine Atmung achtest. Mit der richtigen Atemtechnik kannst du viel gelassener bleiben und lässt der Wut keine Chance. Sehr effektiv hilft hier die sogenannte 1-4-7-8 Methode. Hier eine einfache Anleitung. Diese Übung kannst du auch problemlos während einer Unterhaltung ausführen. Zudem hilft diese Übung auch vor einer Meditation um zu entspannen und auch bei Problemen mit dem Einschlafen kann dir diese Methode helfen.

Für diese Übung legst du zuerst deine Zunge an die Innenseite deiner oberen Schneidezähne und drückst sanft dagegen. Nun atmest du einmal durch den Mund aus und schließt danach den Mund. Jetzt atmest du tief durch die Nase ein und zählst bis vier. Jetzt hältst du für sieben Sekunden den Atem an. Im nächsten Schritt atmest du durch den Mund aus und zählst dabei in Gedanken bis acht. Schon solltest du etwas gelassener sein. Falls du eine stärkere Wirkung benötigst, wiederholst du die Übung, bis es dir besser geht.

Ebenfalls für mehr Gelassenheit sorgt eine Stimulation deiner Thymusdrüse. Diese befindet sich in der Mitte deines Brustkorbs unter dem Brustbein. Von der Thymusdrüse werden bestimmte Botenstoffe produziert, die sich positiv auf deine mentale Gesundheit auswirken, dich gelassen machen, dir Energie schenken und dich Leistungsfähig machen. Somit fängst du mehr Fliegen mit einer Klappe. Du beruhigst dich, wirst leistungsstark und kannst auch kreativ und schlagfertig antworten. Um die Thymusdrüse zu aktivieren und dazu zu bringen mehr Hormone zu produzieren, musst du sie nur abklopfen. Klopfe das Brustbein für einige Minuten ab. Das Klopfen soll weder zu stark, noch zu sanft sein. Du darfst dabei keinerlei Schmerzen verspüren, sollst jedoch eine Stimulation bemerken. Achte währenddessen auch auf eine gleichmäßige Atmung und atme durch die Nase ein und durch den Mund aus. Es wird dich schlagartig entspannen.

Ob du eher gelassen oder eher aufgeregt bist lässt sich auch durch deine Gedanken und durch deine Wortwahl beeinflussen. Wenn du immer negative Gedanken hast, dann ruhst du nicht in dir. Zudem ziehst du damit auch laufend Negatives an. Denkst du bereits zu Hause beim Frühstück an den möglichen, bevorstehenden Zoff während der Arbeit, dann wird dein Herz bereits daheim zu rasen beginnen. Du betrittst die Arbeit bereits mit dem sicheren Gefühl, gleich explodieren zu müssen und Ärger und Aufregung sind somit quasi vorprogrammiert. Streiche negative Worte aus deinem Sprachgebrauch und denke auch nicht negativ.

Eines der Worte, die du generell verbannen solltest, ist Wahnsinn. An diesem Wort heftet immens viel Negatives. Auch Worte wie Katastrophe, Unglück, Krankheit, Stress, Ärger und Drama sollst du aus deiner Welt verbannen. Du wirst sehen, sobald du nicht mehr negativ denkst und sprichst, wird auch bedeutend weniger Negatives passieren. Dafür verantwortlich ist das Gesetz des Universums.

Wenn es dir zu viel wird, du fast zerplatzt und auch keine konstruktiven, schlagfertigen Antworten mehr findest, dann solltest du die Situation verlassen. Das bedeutet nicht, dass du vor einer Konfrontation davonlaufen sollst. Nein, du kannst jedoch eine klare Ansage machen, dass dir die Sachlage im Moment zu viel ist und du dich gerne zurückziehen würdest. „Ich bin mit der Situation überfordert, ich gehe" „Mir reicht es, ich mag nicht mehr diskutieren" oder „Ich ziehe die Notbremse und gehe, denn so kommen wir nicht weiter" sind Sätze, die du in dieser Situation loswerden kannst.

Warum du immer gelassen bleiben sollst

Stell dir nur zwei Situationen vor. Deine Kollegin steht gelassen und überlegt argumentierend vor dir, während eine andere Kollegin aus der Haut fährt, schreit, ausflippt und nicht vernünftig argumentiert. Welche der zwei Menschen würdest du nun ernst nehmen? Genau, du würdest jene Person ernst nehmen, die sich unter Kontrolle hat. Daher ist es wichtig, dass auch du immer versuchst, dich zu kontrollieren und absolut gelassen zu bleiben. Nur so wirst du auch respektiert und ernst genommen.

Vielleicht tust du dir schwer, gelassen zu bleiben, einfach weil du immer nur auf Leistung aus bist und immer alle Erwartungen erfüllen möchtest. Gerade dann können dich kleine Pannen immens aus der Spur werfen. Der Stau am Morgen bringt dich zum Ausflippen, vor allem, wenn du dich eigentlich auf das morgendliche Meeting konzentrieren müsstest. Der Ärger ist somit kontraproduktiv, denn die Zeit, die du mit Ärger vergeudest, könntest du auch zum Vorbereiten auf das Meeting nutzen.

Zudem kannst du dich garantiert besser konzentrieren, wenn du ruhig bist und in deiner Mitte ruhst. Das Wichtigste aber ist, wenn du dich stark provozieren lässt und dich sehr ärgerst, dann fallen deine schlagfertigen Antworten meist sehr gepfeffert aus. Es bedeutet, dass du in einer aufgeregten Situation leichter etwas sagst, dass du später bereust. Bleibst du aber gelassen, dann fallen deine schlagfertigen Antworten offen, ehrlich, gerechtfertigt und gerne auch neckisch, ironisch und humorvoll aus. Steckst du jedoch voll Wut, dann werde die Antworten schnell beleidigend und gerade das gilt es zu vermeiden.

Vergiss nie, ein Wort, welches ausgesprochen wurde, kannst du nicht mehr zurücknehmen. Natürlich kann man sich für alles entschuldigen. Doch ganz heil wird es nie wieder werden. Vergleichen wir es doch mit einem Teller. Es kann zerbrechen und wieder zusammengeklebt werden. Natürlich ist der Teller danach wieder heil, den Sprung aber wirst du immer sehen und auch spüren können. Genau so ist es mit Gefühlen, die du mit unüberlegten Antworten verletzt hast. Man kann sich danach aussprechen, erklären, aber ganz vergessen wird es niemand. Auch wenn du beteuerst, es nicht so ernst gemeint zu haben, ein Rest bleibt beim Gegenüber stets im Hinterkopf hängen.

Wenn du gelassen bist, dann behältst du über alles den Überblick. Du kannst mit Bedacht deine Antworten wählen, und lässt dich nicht von aufgeheizten Emotionen steuern.

Meditation, Mantras, Yoga und Mudras

Wie versprochen kommen wir nun zu kleinen Übungen, die dir bei der Stressbewältigung helfen können. Dass du relaxt und entspannt bist ist wichtig für dein Selbstbewusstsein, dein Durchsetzungsvermögen, dein Auftreten und im Endeffekt auch dafür, dass du schlagfertig in eine Situation gehen kannst. Wenn du ganz in dir selbst ruhst, dann lässt du blöde Bemerkungen nicht an dich ran und kannst souverän, schnell und kreativ reagieren. Bist du aufgeregt, so fällt dir nicht so schnell eine Antwort ein und du blockierst dich dadurch selbst. Mit meinen kleinen Übungen fallen Stress und Aufregung praktisch wie von selbst von dir ab. Ich selbst nutze Meditation, Mantras, Yoga und auch Mudras, die speziellen Finger- und Handhaltungen immer noch täglich.

Wenn du nun denkst, dass du für Meditation viel Zeit benötigst, dann irrst du dich. Ich habe hier eine tolle Kurzmeditation für dich, die du auch am Arbeitsplatz oder in anderen besonders stressigen Situationen kurz durchführen kannst. Damit tankst du rasch neue Energie. Dadurch kannst du auch viel schlagfertiger und kreativer sein.

Dazu stellst oder sitzt du dich aufrecht hin, schließt kurz die Augen und konzentrierst dich auf deine Atmung. Atme tief durch die Nase ein und lasse die Luft gleichmäßig wieder durch den Mund ausströmen. Versuche dabei an nichts zu denken. Konzentriere dich rein auf die Atemluft und schenk deinem Geist eine Ruhepause. Wenn du diese kleine Meditation oft genug geübt hast, dann kannst du dich mit der Zeit auf diese Weise innerhalb von Sekunden entspannen und musst dazu nicht einmal die Augen schließen. Alleine der Gedanke an die Meditation beruhigt dich ungemein. Dies ist wertvoll, wenn du in einer hitzigen Diskussion steckst und du bemerkst, wie du vor Ärger und Aufregung zu zittern beginnst.

Eine weitere tolle Übung zur Entspannung ist eine Streckübung. Stell dich aufrecht hin und strecke deinen Körper komplett durch. Streck die Arme links und rechts von deinem Kopf in die Höhe und mach dich ganz groß. Dein Rücken soll länger und länger werden und du versuchst mit den Fingerspitzen den Himmel zu berühren. Atme tief ein und aus, tanke Energie, stell dir vor, wie du mit jedem Atemzug stärker, kräftiger, mutiger und besser wirst. Im Anschluss lässt du dich nach vorne fallen. Die Fingerspitzen berühren nun den Boden. Lass dich hängen und lockere deine komplette Wirbelsäule auf.

Wenn du abends im Bett liegst, kannst du ebenfalls eine kurze Meditation durchführen. Stell dir vor, wie dein gesamter Körper leicht wird. Beginne mit den Zehen und den Füßen. Die Beine werden leicht und schwerelos, das Becken, die Wirbelsäule, der Bauch, die Arme bis zu den Fingerspitzen und zuletzt auch dein Kopf. Du bist nun komplett leicht und schwerelos und könntest schweben. Alle Sorgen und Ängste sowie alle Blockaden fallen nun von dir ab.

Mantras sind ebenfalls sehr hilfreich, besonders um dein Selbstbewusstsein zu stärken. Wie wir schon gelernt haben ist ein starkes Selbstbewusstsein wichtig, damit du stark und schlagfertig reagieren kannst. Mantras sind kurze Sätze, die positiv formuliert sind und welche dich stärken. Mit diesen positiven Affirmationen stärkst du dich selbst und kannst diese in jeder Situation anwenden.

„Ich bin stark, ich bin selbstbewusst, ich bin schlagfertig" - dies sind Mantras, die für diese Situation besonders gut geeignet sind. Diese kurzen Sätze wiederholst du immer wieder. Dadurch werden Körper, Geist und Seele beeinflusst und du sendest Wünsche und positive Emotionen ans Universum. Mantras haben eine sehr beruhigende und auch erfüllende Wirkung. Je öfter du dir dein ganz spezielle Mantra vorsagst, um so mehr wird es verinnerlicht.

Yoga ist ebenfalls eine fernöstliche Technik, die für Ausgeglichenheit und Ruhe sorgt. Yoga besteht aus vielen kleine Übungen, von denen die Kerze, die Kobra, der Sonnengruß oder der herabschauende Hund die bekanntesten sind. Im Internet findest du zum Beispiel sehr viele Yogaübungen. Versuche dreimal pro Woche mindestens 20 Minuten Yoga zu betreiben. Du wirst bemerken, dass du rasch viel ruhiger wirst. Durch Yoga wird auch deine Kreativität angeregt. Dies wirkt sich natürlich auch positiv auf deine Kommunikationsfähigkeit aus.

Diese Übungen sind jetzt nicht unmittelbar mit deiner Schlagfertigkeit verbunden, sondern wirken sich indirekt darauf aus. Anders sieht es mit den sogenannten Mudras aus. Bei Mudras handelt es sich um spezielle Haltungen der Finger, die dich sofort entspannen, beruhigen oder mit Energie versorgen. Während du bei Meditation und Atemübungen, beim Yoga und bei Mantras eher auf eine Langzeitwirkung hin arbeitest, so kannst du die Mudras verwenden, während du sprichst. Das kann besonders hilfreich sein wenn du zum Beispiel in einer hitzigen Diskussion steckst und du sofort eine kleine Unterstützung benötigst.

Mudras können auch als Fingeryoga bezeichnet werden. Diese kleinen Übungen haben eine große Wirkung und sind dennoch so unscheinbar, dass es niemand bemerken wird, wenn du zum Beispiel während einer Unterhaltung deine Finger zu einem Mudra formierst. Die simpelste Übung ist das typische Mudra an welches du vielleicht auch denkst, wenn du Yoga liest. Dabei berühren sich Zeigefinger und Daumen beider Hände. Dadurch kann die Energie fließen und bleibt ganz bei dir. Die Bezeichnung Mudra kommt aus dem Sanskrit und bedeutet übersetzt Freude geben. Denk immer an diese Bedeutung wenn du Mudras ausführst, dann werden sie dir stets Freude schenken.

Diese Mudras funktionieren daher, da du dabei bestimmte Entspannungspunkte im Körper aktivierst. Deine körpereigenen Energieflüsse werden so gelenkt und wieder in Balance gebracht. Energetische und spirituelle Energie wird durch diese Fingerübungen gebündelt. Diese Übungen wirken so rasch und werden deshalb auch als Instant Yoga bezeichnet. Mudras wirken so toll, da sich in unseren Fingern mehr als 4.000 Nervenfasern befinden, die mit sämtlichen Organen und Körperzonen verbunden sind.

Jeder Finger übernimmt eine andere Aufgabe und hat eine eigene Bedeutung. Der Daumen reguliert Sorgen, der Zeigefinger beseitigt Ängste, der Mittelfinger hilft gegen Wut, der Ringfinger kann bei der Bewältigung von Trauer helfen und der kleine Finger ist gut zum Entschleunigen. Je nachdem was du benötigst, kannst du nur durch Massagen und sanftes Reiben diese Kräfte aktivieren.

Um die Kraft der Finger bei den Mudras zu aktivieren musst du nicht viel Kraft aufwenden. Es genügt ein sanfter Druck oder ein zartes Reiben. Auch wenn du die Finger sehr locker aneinander legst, werden die Energien angeregt. Die Mudras selbst solltest du einige Minuten halten, in der Regel wird von 3 Minuten pro Mudra gesprochen. Die Hände sollen dabei sehr locker gehalten werden und auch eine ruhige und gleichmäßige Atmung unterstützt die Wirkung der Mudras zusätzlich.

Das zu Beginn erwähnte Mudra trägt den Namen Gyan oder Chin Mudra. Daumen und Zeigefinger berühren sich an der Spitze und die restlichen Finger werden ganz locker weggestreckt. Mit diesem Mudra wird die Hypophyse aktiviert und deine Energien können im Körper fließen. Diese Fingerübung sorgt für einen klaren Verstand und dass du dich gut konzentrieren kannst. Perfekt also, wenn du nach einer schlagfertigen Antwort suchst.

Mehr Power erhältst du mit dem Prithvi Mudra. Bei dieser Fingerübung berühren sich die Fingerspitzen von Daumen und Ringfinger. Alle anderen Finger werden locker aufrecht gehalten. Dieses Mudra schenkt dir einen Energieschub und hilft dir wieder mehr Antrieb zu finden.

Bei innerer Unruhe hilft das Mudra Shakti. Die beiden Daumen deiner Hände umschließt du dafür mit dem

Zeigefinger und dem Mittelfinger. Den Ringfinger und den Zeigefinger der linken Hand legst du auf die Fingerkuppen der jeweiligen Finger der anderen Hand. Mit dieser Übung kannst du deine innere Unruhe beseitigen. Es hilft dir in brenzligen Situationen, zum Beispiel wenn dich jemand mit seinen Worten und Taten auf die Palme bringen möchte.

Wenn du etwas Ruhe brauchst und von außen nicht erhalten kannst, dann eignet sich das Mudra mit dem beschreibenden Namen Zeit Mudra geradezu perfekt. Dazu klappst du deine Finger ein und führst die Hände vor deinem Körper zusammen. Die Daumen beider Hände berühren sich und die Handrücken sind nach außen gedreht. Es sieht ein bisschen aus, als hättest du die Hände zu Fäusten geballt. Dieses Mudra sorgt für Ruhe, hilft dir dabei dich wieder zu erden und ist ebenfalls eine Hilfe dabei, wieder zurück in den eigenen Rhythmus zu finden.

Das Mudra mit dem Namen Prana ist ein sogenanntes Motivations-Mudra. Dafür streckst du Zeigefinger und Mittelfinger gerade aus und klappst Ringfinger und den kleinen Finger ein. Die Fingerkuppen dieser beiden Finger berühren die Kuppe des Daumens. Diese Übung stärkt den Geist, hilft dich selbst zu motivieren, macht dich wieder wach und stärkt zudem das Immunsystem.

Natürlich gibt es viele Mudras mehr, diese jedoch sind einfache Fingerübungen, die du nebenbei auch während der Arbeit oder während eines Gesprächs einnehmen kannst und die dir akut bei Problemen rund um das Thema Kommunikation, Selbstbewusstsein und Stress helfen kön-nen.

Auf eine gute Gesprächsführung achten

Eine gute Gesprächsführung entsteht jedoch nicht nur, wenn du schlagfertig kontern kannst. Dazu gehört viel mehr und genau das möchte ich dir in diesem Kapitel etwas genauer erklären.

Ein gutes Gespräch besteht nicht nur aus Hick-Hack, sondern setzt sich aus einem angenehmen Informationsaustausch zusammen, bei dem sich beide Gesprächspartner auf gleicher Augenhöhe befinden. Bei den meisten Gesprächen jedoch ist es so, dass einer das Gespräch führt, sich durch Rechthaberei hervortut und es kommt zu Streit, zu Meinungsverschiedenheiten, Missverständnissen und peinlichem Schweigen.

Damit ein ordentliches Gespräch geführt werden kann, musst du deinen Gesprächspartner nicht nur auf Augenhöhe begegnen, sondern ihn auch mit Respekt und Anstand behandeln. Versuche, dass du nicht am Thema und auch nicht an der Meinung des anderen vorbeiredest. Schlimm wird es meist, wenn zwei Menschen zwar viel sprechen, jeder jedoch nur auf seinem Standpunkt beharrt und in keinster Weise auf die Ideen, Gedanken und Wünsche des anderen eingeht.

Ebenso schlecht ist es, wenn das eigentliche Thema verfehlt wird und nur um Nebensächlichkeiten diskutiert wird. Dies passiert gerade dann, wenn einem der Gesprächspartner die Argumente ausgehen. Man schweift in diesem Moment ab, lenkt ab und man kämpft plötzlich an unzähligen Nebenschauplätzen. Ein Beispiel dafür ist, wenn plötzlich mehr über den Ton, als über den Inhalt diskutiert wird. „In diesem Ton sprichst du nicht mit mir" ist zwar ein legitimer Einwurf, wenn der Gesprächspartner brüllt oder von oben herab spricht, man sollte danach jedoch nicht stundenlang über die Lautstärke und den aggressiven Tonfall diskutieren. Zu einer guten Gesprächsführung gehört, dass das eigentliche Thema nicht aus den Augen verloren werden darf.

Zu einer guten Gesprächsführung gehört zudem, dass du ohne Vorurteile in die Unterhaltung gehst. Du sollst nie für den anderen denken und dir auch keine Gedanken darüber machen, wie und was der andere denkt. Manches Mal bilden wir uns eine Meinung über jemandem und handeln dann danach, obwohl die Realität anders aussieht. Ein Beispiel: Du kommst in eine neue Abteilung und hast dich im Vorfeld schon etwas über die Kollegen dort erkundigt. Von einer Kollegin hast du dir ein besonderes Bild gemacht. Sie ist sehr schön, perfekte Figur und sieht immer wie aus dem Ei gepellt aus. Deiner Meinung nach ist diese junge Frau sehr arrogant, hochnäsig und von sich selbst überzeugt. Dementsprechend gehst du so belastet in das Gespräch mit dieser Person. Du nimmst ihr die Chance, sich selbst zu präsentieren und ihren wahren Charakter zu zeigen. Deine Haltung dieser Person gegenüber ist von Anfang an abwertend und harsch, obwohl du sie nicht kennst. Dies kann nur passieren, wenn du voreingenommen bist und darüber nachdenkst, wie andere sein oder handeln könnten.

Denke auch nie, dass eine Person ohnehin so oder anders handeln, reagieren oder sprechen wird. Lass es auf dich zukommen. Natürlich kannst du einzelne Situationen in Gedanken durchspielen, um diese später gut im Griff zu haben. Nur sollst du dich auf keine der Optionen versteifen und als gegeben hinnehmen. „Der Chef sagt ohnehin nein" ist kein guter Ausgangspunkt für eine Verhandlung, genauso wenig wie: „Ich muss nicht um ein Date bitten, weil er sowieso nein sagt". Lass alles auf dich zukommen und gehe komplett frei und ohne Vorurteile und Ängste an ein Gespräch heran.

Nur so kann es zu einem unvoreingenommenen Gesprächsverlauf kommen. Wenn du mit einer vorgefertigten Meinung ein Gespräch beginnst, dann beeinflusst es dich und deine Haltung. Du musst jedoch immer frei und neutral in eine Unterhaltung gehen. Egal ob beruflich oder privat - nur wenn du ohne Vorurteile zu sprechen beginnst, kannst du dich voll auf das eigentliche Thema und noch wichtiger, auf die Wahrheit konzentrieren.

Ein weiterer wichtiger Punkt in der Gesprächsführung ist die Gleichberechtigung. Jeder der Gesprächsteilnehmer haben das gleiche Recht, ihre Meinung zu sagen. Es muss ein Wechsel zwischen zuhören und sprechen eingehalten werden. Dabei ist es wichtig, dass du auch wirklich aktiv zuhörst und deinem Gesprächspartner auch wirklich das Ge-fühl vermittelst zuzuhören. So hat der andere das sichere Ge-fühl, dass du ihn ernst nimmst. Nur so kannst du dasselbe auch von anderen erwarten.

Keiner der Teilnehmer sollte das Gespräch an sich reißen und dieses dominieren. So wird es einseitig und unfair und es kommen schlechte Schwingungen auf. Viel wichtiger ist es, dass du den Gesprächsverlauf sanft und auf subtile Weise in die Bahnen lenkst, die du dir wünschst. Hier kommt NLP ins Spiel, welches dir die Möglichkeit gibt, den anderen zu beeinflussen, ohne dass dieser es bemerkt oder negativ auffassen wird.

Um das Gesprochene zu verstehen reicht es nicht, dass du nur zuhörst. Du musst Fragen stellen und auch aktiv auf die Fragen und Antworten eingehen. In einer Unterhaltung ist es auch wichtig, das Verstandene zu spiegeln und mitzuteilen, wie du das Einzelne verstanden hast. Um ein Gespräch gut und sicher zu führen ist es unerlässlich zuvor fundierte Informationen zu sammeln. Deine Sätze müssen strukturiert sein und die Unterhaltung sollte dem berühmten roten Faden folgen. Auch ist es wichtig, dass du Stellung nimmst, wenn Fragen und Einwände vorgebracht werden und gemeinsam Lösungen erarbeitet werden. Danach wird gemeinsam die Sachlage abgeklärt. Ein erfolgreiches Gespräch verlassen die einzelnen Gesprächspartner immer mit einem guten Gefühl.

Auch wenn du keine Vorurteile haben sollst und unbefangen in ein Gespräch gehen musst, ist es wichtig, dass du dennoch darauf vorbereitet bist. Gerade wenn es sich um berufliche Verhandlungen dreht, dann solltest du dich mit den Themen beschäftigen, die abgeklärt werden sollen.

Auch wenn im Gespräch der andere nicht überrannt werden darf und es nicht gut ist, ein Gespräch zu dominieren, deine Ziele und Wünsche solltest du dennoch durchsetzen und klar machen. Doch alles auf eine freundliche und respektable Art und Weise. Dieses Ziel solltest du auch immer vor Augen haben und nur dieses Ziel verfolgen. Schweife nicht ab, lass dich nicht verwirren, nicht in die Irre führen und auf einen anderen Weg führen.

Achte auf eine gute Dialogführung. Gib dem anderen Zeit zu antworten, Fragen zu stellen und gehe auch auf die Fragen ein. Im Gegenzug darfst du jedoch auch deine Zeit für Fragen und Antworten einfordern. Trage immer aktiv zu einem Gespräch bei. Fragen halten jedes Gespräch am Laufen und sorgen dafür, dass möglichst viele Informationen ausgetauscht werden. Selbst beim Smalltalk ist es wichtig, persönliche Fragen zu stellen. Egal ob zur Stimmung, dem Befinden oder der Anfahrt. Dadurch zeigst du Interesse und machst dich sympathisch. Auch die berühmten „W" Fragen sind unerlässlich. Was, wann, wie, wer, wo und warum sind die Fragewörter, die du unbedingt verwenden solltest. Achte jedoch darauf, dass du nicht auf jeden Satz deines Gesprächspartners mit warum antwortest.

Auch kannst du jede Unterhaltung mit sogenannten Alternativfragen aufpeppen. „Was ist in diesem Fall besser?" „Entscheiden wir und für dieses oder jenes?" oder „Gehen wir hierhin oder dorthin" sind Fragen, bei welchen du deinem Gegenüber Alternativen anbietest und ihn zu aktivem Handeln bringst. Wenn du ein Gespräch gut führen willst, dann ist es eben auch wichtig, dass du deinem Gegenüber einiges abverlangst. Du sollst darauf achten, dass auch der Gesprächspartner aktiv an der Unterhaltung teilnimmt.

Ebenfalls wichtig für eine gute Unterhaltung sind Ehrlichkeit und Vertrauen. Bleib immer authentisch und rede nicht um den heißen Brei. Sei direkt und offen. Gib deinem Gegenüber nie das Gefühl, dass du irgendetwas vor ihm verheimlichst. Dadurch würde dein Gesprächspartner misstrauisch werden, sich zurückziehen und auch mit den offenen Antworten sparsamer werden. Wenn es sich um ein Gespräch mit guten Freunden oder Bekannten handelt, dann kannst du auch gerne etwas Persönliches mit in den Dialog einfließen lassen. Komplimente sind hier immer gerne gesehen. Selbst bei Unterhaltungen mit Vorgesetzten kommen kleine Komplimente immer gut an. Vorsicht jedoch, hier ist der Grad zwischen Höflichkeit und Schleimerei sehr schmal. Jedoch schadet es nie, sich positiv über das angenehme Betriebsklima, die neuesten Verbesserungen im Büro oder lobende Worte über die Mitarbeiterführung zu äußern.

Gemeinsamkeiten sorgen ebenfalls für ein angenehmes Gesprächsklima. Inhaltliche Übereinstimmungen solltest du extra betonen und unterstreichen. Etwas subtiler jedoch geht es bei Gemeinsamkeiten bezüglich der Körpersprache zu. Hier kannst du eine Taktik aus dem NLP anwenden. Es ist erwiesen, dass sich dein Gegenüber besonders wohl fühlt, wenn er sich in dir spiegeln kann. Das bedeutet, du sollst besonders auf die Körperhaltung und die Mimik und Gestik deines Gesprächspartners achten. Versuche dies zu spiegeln, ohne dabei plump zu wirken. Greift sich dein Gegenüber immer wieder ins Haar, werden die Hände auf spezielle Art und Weise gehalten, lächelt er immer wieder - all diese Punkte kannst du wunderbar kopieren. Sei dabei aber schlau und auf keinen Fall plump. Du wirst bemerken, dass du dadurch deinem Gegenüber ein sehr gutes Gefühl gibst.

Respekt ist sowieso das A und O. Bringe Respekt auf und du wirst Respekt erhalten. Ebenso ist es mit der Kritik. Nimm Kritik auf, sofern es sich um konstruktive Kritik handelt. Nur so kannst und darfst du erwarten, dass auch dein Gesprächspartner gut mit deiner Kritik umgehen wird. Natürlich will niemand kritisiert werden. Sieh es jedoch immer als Chance für Verbesserung an. Du könntest dein Handeln nicht optimieren, wenn du nicht auf deine Defizite aufmerksam gemacht wurdest. Kritik bietet dir auch die Möglichkeit, die Sachlage auch einmal aus einer anderen Perspektive zu betrachten. Destruktive Kritik und Gemeinheiten in einem Gespräch kannst du jedoch getrost mit einer schlagfertigen, gerne auch ironischen Antwort abschmettern oder diese auch gekonnt ignorieren.

Achte gut auf deine Körpersprache. Um ein Gespräch gut zu führen ist Blickkontakt sehr wichtig. Wenn du deinem Gegenüber nicht in die Augen blicken kannst, dann wird es schwierig ein ordentliches Gespräch zu führen. Achte darauf, dass du nicht deine Arme vor der Brust verschränkst. Dies wirkt sehr abweisend und kalt. Versuche immer, deine Schuhspitzen deinem Gegenüber zuzudrehen und auch die Schultern immer in die Richtung deines Gesprächspartners zu führen. Die gesamte Haltung soll offen und positiv sein. Drehe dich deinem Gegenüber zu. Du kannst auch dasselbe von deinem Gegenüber erwarten. Blickt dieser dir nicht in die Augen oder dreht sich sogar weg, kannst du ihn ruhig darauf ansprechen, ob überhaupt ein Interesse an dieser Unterhaltung besteht.

Oft kommt es auch auf die Umgebung an. Gute Gespräche finden selten zwischen Tür und Angel statt. Ist die Atmosphäre angenehm, so lassen sich auch die Unterhaltungen in der Regel positiv gestalten. Verlagere das Gespräch, wenn du bemerkst es dauert länger. „Wollen wir uns nicht setzen" kannst du durchaus nach einigen Minuten einwerfen, wenn du bemerkst, dass die Unterhaltung länger dauern wird. Das ist nicht nur für dich angenehmer, du gibst damit auch dem Gesprächspartner ein gutes Gefühl, da du dadurch sehr fürsorglich und empathisch wirkst.

Pokerface

In diesem Kapitel sprechen wir nicht über einen Song von Lady Gaga und schweifen auch nicht ins Casino ab. Auch bei Unterhaltungen ist es oft bitter nötig, ein Pokerface aufzusetzen. Doch was genau ist ein Pokerface und warum wird es benötigt. Und wie genau kann man ein Pokerface aufsetzen? Hier werde ich dir erklären, wie auch du lernen kannst, ein Pokerface aufzusetzen. Es ist nicht nötig, dass dir jeder deine Gedanken und Gefühle direkt von der Nasenspitze ablesen kann.

Woran erkennt man unsere Gefühle im Gesicht, hast du darauf schon einmal geachtet? Es ist natürlich das Augenrollen, das sofort verkündet, dass dich etwas massiv nervt. Das Rollen der Augen ist meist eine Angewohnheit, die sich aber wieder ganz leicht abgewöhnen lässt. Du musst dir nur bewusst werden, dass du es sehr häufig machst, musst dich selbst beobachten und das Rollen dann ganz konkret vermeiden.

Oft hören wir auch den Satz: „Na, jetzt ist dir aber das Gesicht eingeschlafen." Das bedeutet meist, dass wir von etwas sehr enttäuscht sind und das lässt sich eben auch im Gesicht ablesen. Meist fangen die Mundwinkel an zu hängen und auch die Augen verlieren jegliches Leuchten. Auch wenn dich in Zukunft etwas sehr enttäuscht, lass es dir nicht anmerken. Lächle, nicht nur mit dem Mund, auch mit den Wangen und den Augen.

Zusammengekniffene und funkelnde Augen verraten deine Wut und ein besonderes Strahlen in den Augen erzählt, dass du dich über irgendetwas besonders freust. Auch hier sollst du aufpassen, dass dein Gesichtsausdruck neutral bleibt, wenn du deine Emotionen nicht verraten willst.

Je mehr du dich mit dem Thema Mimik, Gestik und Körpersprache befasst, um so besser kannst du auch in den Gesichtern der anderen ablesen. Um so besser wirst du aber auch darin, deine eigenen Gesichtszüge zu kontrollieren und in allen Situationen ein sogenanntes Pokerface aufzusetzen.

Wenn du jetzt fragst, welche Gefühle denn von unseren Gesichtern abzulesen sind, dann muss ich dir sagen: Alle und noch viel mehr. Wer darin geschult ist, der erkennt auch ganz wunderbar, wenn der Gesprächspartner flunkert oder lügt. Dabei muss gar nicht auf den Inhalt der Unterhaltung geachtet werden. Spezielle Anzeichen in den Augen wirken besser und schneller als so mancher Lügendetektor.

Damit es dir eben nicht so ergeht, und andere nicht aus deinem Gesicht lesen können, solltest du lernen das Pokerface aufzusetzen. Das schützt dich und macht dich weniger angreifbar. Statt deine wahren Gefühle widerzuspiegeln solltest du immer einen extra freundlichen und offenen Gesichtsausdruck zur Schau tragen, gerade wenn es um Verhandlungen am Arbeitsplatz, Diskussionen mit Kunden oder mehr geht.

Es gibt bis zu 10.000 Variationen, die wir mit unserem Gesicht, den Muskeln, Sehnen und den Nerven im Gesicht erzeugen können. Unser Mienenspiel ist somit absolut facettenreich und alleine damit könntest du ganze Geschichten erzählen. Du erkennst eine gerunzelte Stirn, die dir verrät dass jemand nachdenkt oder sich ärgert. Ein Gähnen deines Gegenübers zeigt dessen Langeweile auf und am Schmollmund der Kollegin erkennst du, dass diese gerade leicht eingeschnappt ist. Doch es gibt auf diesem Gebiet noch viel mehr zu entdecken.

Der Unterschied zwischen glücklich und traurig lässt sich anhand der Mundwinkel feststellen. Hochgezogene Mundwinkel sprechen für eine fröhliche Stimmung, während hängende Mundwinkel Traurigkeit symbolisieren. Die meisten Menschen verraten zwar ihre Gefühle nicht verbal, können jedoch ihr Pokerface nur schlecht wahren und du hast ein leichtes Spiel, hinter die Fassade zu blicken und die wahren Gefühle zu erkennen.

Wenn du das nächste Mal von etwas überrascht bis, dann versuche dies nicht durch das Heben deiner Augenbrauen zu zeigen. Die verraten dich im Nu. Versuche die Stirn und die Augenpartie ganz ruhig und entspannt zu halten. Auch wenn du skeptisch bist, heben sich oft die Augenbrauen ganz von selbst. Bemühe dich auch hier, dies nicht zu zeigen. Gerade bei einem Arbeitsgespräch oder vor dem Boss musst du diese Skepsis nicht offensichtlich zeigen. Hast du schon öfter beobachtet, dass sich bei deinem gegenüber nur eine Augenbraue hebt? Dies ist häufig ein untrügliches Zeichen für Spott.

Runzle nicht die Stirn, wenn du nicht möchtest, dass man deine ablehnende Haltung schon von aller Weite erkennt. Halte dich auch hier lieber an ein unverfängliches Lächeln.

Ganz eine wichtige Rolle spielen die Augen. Wer Blickkontakt vermeidet ist entweder extrem unsicher und schüchtern, oder er hat etwas zu verbergen. Kann dir dein Gegenüber also nicht in die Augen blicken, dann solltest du auf der Hut sein. Zuerst ist es wichtig herauszufinden, ob Schüchternheit dahinter steckt. Du kannst deinen Gesprächspartner ermutigen. Schnell bemerkst du aber, wenn etwas anderes hinter dem mangelnden Blickkontakt steckt.

Wenn dein Gegenüber jedoch durchdringend starrt, dann ist dies auch ein Zeichen. Starren geht über den normalen Blickkontakt hinaus und fühlt sich in allen Fällen unangenehm an. Du sollst dem Blick nicht ausweichen. Meist möchte jemand der starrt seine Überlegenheit damit ausdrücken. Starren ist mit einem enormen Dominanzverhalten gleichzusetzen. Starren kann auch als Drohung eingesetzt werden und auf alle Fälle beweist dies, dass dein Gegenüber keinen Respekt vor Distanz und vor Privatsphäre besitzt.

Wenn dein Gesprächspartner häufig blinzelt, dann hat dies etwas mit seiner Nervosität zu tun. Die Anspannung kann auch mit einer kleinen Unwahrheit zu tun haben, die er versucht zu verbergen. Bleiben die Augen beim Blinzeln unnatürlich lange geschlossen, so ist dies ein ziemlich guter Hinweis auf eine Lüge.

Wenn du dich nun auf den Gesichtsausdruck deiner Gesprächspartner konzentrierst, dann solltest du immer das Gesamte beachten. Es kann natürlich sein, dass er von der Sonne geblendet wurde und deshalb nicht direkt Augenkontakt halten kann. Es kann der Sand in den Augen deines Gegenübers schuld am häufigen Blinzeln sein, und es wäre gemein, ihn deshalb einer Lüge zu bezichtigen. Lass dir genügend Zeit, die einzelnen Gesichtsausdrücke zu erkennen.

Du kannst zum Beispiel auch zu Hause in deinem Büchlein viel davon notieren. Schreib nieder, welche Beobachtungen du gemacht hast. Wie blickt dein Boss drein, wenn ein Lob zu erwarten ist und wie verändert sich die Miene, wenn mit einem ordentlichen Anpfiff gerechnet werden muss? Leg dir ein Verzeichnis an, bei dem du deine Beobachtungen einträgst.

Stell dich vor den Spiegel und übe ebenfalls deine unterschiedlichen Gesichtszüge. Versuche sämtliche Stimmungen und Emotionen nur mit deiner Mimik auszudrücken. Das kannst du auch gemeinsam mit einem Freund machen. Einer spielt eine Emotion vor und der andere sollte diese erkennen. Auch unterwegs im Bus oder Bahn kannst du an deinem Mienenspiel arbeiten. Dazu benötigst du nur einen kleinen Taschenspiegel. Mach dir keine Gedanken was die Mitfahrenden über dich denken werden, diese sind meist viel zu sehr mit sich selbst beschäftigt.

Im Gegenzug aber sind die Mitfahrenden im Bus oder Bahn gute Anschauungselemente. Du kannst versuchen in ihren Gesichtern zu lesen und herausfinden, wie sie sich gerade fühlen, was sie gerade erlebt haben, oder worauf sie sich gerade vorbereiten. Der Junge, der ängstlich aufgerissene Augen hat, weil ihn ein schwerer Test erwartet, für den er nicht gelernt hat. Das Mädchen mit den rosigen Wangen und den leuchtenden Augen, welches sich auf ihr erstes Date freut und der Mann mit der fahlen Haut und den rastlosen Augen, der von allem genervt ist und nur heute mit dem Bus fahren muss, weil sein Auto den Geist aufgegeben hat. Dieses Spiel ist nicht nur ein cooler Zeitvertreib und lustig, du lernst so wirklich sehr schnell in den Gesichtern der anderen zu lesen.

Je mehr du von den Gesichtern anderer ablesen kannst, um so einfacher wird es im Gegenzug auch, deine eigenen Gesichtszüge zu kontrollieren. Du wirst jetzt sagen, ja sicher ist es einfach in den Gesichtern anderer zu lesen, doch was ist, wenn diese auch ein Pokerface aufsetzen? Da kann ich dir nun ein wirklich großes Geheimnis verraten. Auch das beste Pokerface zeigt bei jeder Gefühlsregung für Bruchteile einer Sekunde die Wahrheit an - das musst du nur erkennen.

Das kommt daher, da unsere Mimik eng mit dem emotionalen Zentrum in unserem Gehirn verbunden ist. Diese Verbindung ist direkter als die Verbindung zu unserem Verstand. Das bedeutet, wenn wir eine Emotion verstecken möchten, blitzt diese kurz vorher in unserem Gesicht auf. Für einen wirklich kurzen Moment lassen sich somit alle Gefühle ablesen.

Um diese kleinen Augenblicke zu entlarven benötigst du einen scharfen Verstand, eine schnelle Reaktionsfähigkeit und gute Augen. In einer Situation läuft dies wie folgt ab: Du machst deinem Gegenüber einen Vorschlag. Nun lasse ihn die erste Sekunde nicht aus den Augen. Die erste Reaktion in seinem Gesicht die du nun sehen kannst, spiegelt die wahren Gefühle wider. Auch wenn er danach sofort ein Lächeln aufsetzt und Begeisterung vorspielt, hast du vielleicht den Schreck oder das Entsetzen über deinen Vorschlag in den Augen bemerken können.

Bei diesem Phänomen spricht man von den sogenannten Mikroexpressionen, die sich wirklich nur für Bruchteile einer Sekunde zeigen. Für eine kurze Zeit entgleisen also auch dem besten Pokerface die Gesichtszüge, das ist so sicher wie das Amen im Gebet.

Achte hier vor allem auf kleine Anzeichen wie eine Oberlippe, die sich kaum merklich und kurz hochzieht. Dies kann ein deutliches Anzeichen für Ablehnung bedeuten. Auch wenn sich die Nase kurz kräuselt kannst du davon ausgehen, dass dein Gegenüber gerade nicht sonderlich begeistert war. Ist dein Gegenüber skeptisch und will es dir nicht zeigen, dann achte in diesen kurzen Sekunden auf geschürzte Lippen, hochgezogene oder zusammengezogene Augenbrauen, die sich sofort wieder entspannen.

In Gesichtern lesen lernst du am besten in der Öffentlichkeit. Setze dich doch mit einem Freund in ein Kaffeehaus und beobachtet gemeinsam die Menschen. Vergleicht im Anschluss eure Meinungen und diskutiert darüber, wie und warum ihr zu den jeweiligen Annahmen gekommen seid. Wichtig ist hier, dass ihr jedoch diskret vorgeht und nicht ungeniert die Personen rund um euch anstarrt und im Anschluss lautstark darüber diskutiert.

Für dein perfektes Pokerface gibt es noch einige Übungen, die du vor dem Spiegel absolvieren kannst. Stell dir die einzelnen Situationen vor und versuche, diese auch zu fühlen. Nun drücke es mit deiner Mimik aus. Mache ein bewusst cooles Gesicht, so als könnte dir nichts und niemand etwas anhaben. Danach wechselst du zu einem wütenden, einem ängstlichem, einem überraschten, verblüfften, fröhlichen und unsicherem Gesicht.

Woran liegt es, dass manche ihre Gesichtszüge besser und andere schlechter unter Kontrolle haben? Die Bezeichnung Pokerface kommt ja tatsächlich aus dem Poker Metier. Denn hier darf sich keiner der Spieler anmerken lassen, ob er sich über die guten Karten freut, oder über die schlechten Karten ärgert. Ein Pokerspieler trägt ein gleichmütiges Gesicht zur Schau und wirkt in allen Situationen überlegen und relaxt.

Pokerface ist auch gleichzusetzen mit emotionaler Selbstkontrolle. Wenn du deine Gesichtszüge immer unter Kontrolle hast, dann bestimmst du selbst, wie viel du auch nonverbal von dir persönlich preisgeben möchtest. Wichtig ist, dass du jedoch nicht eine immer gleiche Maske aufsetzt. Würdest du dies machen, so könnte man dich im Nu durchschauen. Versuche als auch in der Mimik immer andere Varianten anzubieten.

Damit dir das gelingt, musst du ein sehr gutes Verhältnis zu deinen Gefühlen aufbauen. Du musst dich selbst intensiv kennen lernen und tief in dich hineinhören. Doch das alleine genügt nicht. Du musst dafür auch dein schauspielerisches Talent aktivieren. Das lässt sich jedoch einfach trainieren. Um sowohl in den Gesichtern anderer zu lesen und gleichzeitig dein Pokerface zu bewahren, ist auch eine ordentliche Portion emotionale Intelligenz nötig. Was es damit auf sich hat, möchte ich dir im nächsten Kapitel erklä-ren.

Fördere deine Emotionale Intelligenz

Den Begriff emotionale Intelligenz siehst du häufig kurz als EQ abgekürzt. Es besteht ein großer Unterschied zum IQ, dem Intelligenz Quotienten. Emotionale Intelligenz umfasst Fähigkeiten wie Takt, Höflichkeit, Achtsamkeit, Mitgefühl, Menschlichkeit, Kommunikationsfähigkeit und vieles mehr. Diese Intelligenz beschreibt die Gefühlsebene und ist keine Erfindung der heutigen Zeit. Bereits Johann Wolfgang von Goethe sprach von der emotionalen Intelligenz, die er jedoch als Herzensbildung bezeichnete.

Emotionale Intelligenz beschreibt jedoch nicht nur, wie wir mit anderen umgehen, sondern auch wie gut wir zu uns selbst sind. EQ schließt somit auch Selbstliebe mit ein. Selbstmanagement und Selbsterfahrung gehören ebenso dazu wie die Fähigkeit mit anderen Menschen umzugehen.

Warum emotionale Intelligenz auch für Schlagfertigkeit, Rhetorik und ein souveränes Auftreten so wichtig ist, das lässt sich leicht erklären. All diese Begriffe gehen Hand in Hand und bauen sich gegenseitig auf. Zudem besteht emotionale Intelligenz aus vielen Komponenten, wie zum Beispiel

Selbstbewusstsein und Selbstbewusstheit.

Selbstbewusstheit ist jene Fähigkeit, dass du deine eigene Persönlichkeit stets realistisch einschätzen kannst. Du erkennst und verstehst deine Gefühle und Beweggründe und hast auch all deine Motive, deine Pläne, Ziele und Wünsche immer konkret vor Augen. Du bist dir über deine Stärken und Schwächen bewusst und kannst dich gut selbst einschätzen. Du weißt, woran du arbeiten musst, welche Baustellen dein Charakter in manchen Beziehungen aufweist und wie du in vielen Situationen reagierst.

Für emotionale Intelligenz ist auch Selbststeuerung notwendig. Diese ist dafür verantwortlich, dass du deine Stimmungen, deine Gefühle und dein Handeln im Griff hast. Es ist die Fähigkeit, dich nicht nur von deinen Gefühlen leiten zu lassen und die Kunst, auf die eigenen Gefühle einwirken zu können. Das bedeutet, dass du deine Wut selbst in den Griff bekommst und auch euphorische Ausbrüche im Zaum halten kannst. Du kannst dich selbst beruhigen und auf der anderen Seite auch selbst aufheitern.

Selbstmotivation ist wichtig, da du dich dadurch immer wieder zu noch besseren Leistungen antreiben kannst. Du alleine hast es in der Hand, dich für etwas Neues zu begeistern und dich durch schwierige Phasen des Lebens zu manövrieren. Selbstmotivation ist die Kraft, die dich niemals aufgeben lässt und welche dir die Kraft zum Weitermachen schenkt. Selbstmotivation ist auch dafür verantwortlich, dass deine Frustrationstoleranz hoch ist und du nicht einfach aufgibst.

Einer der wichtigsten Punkte der emotionalen Intelligenz ist Empathie. Empathisch sein bedeutet, Einfühlungsvermögen zu besitzen. Du kannst dich sowohl mit anderen freuen und leidest jedoch auch mit deinen Mitmenschen mit. Du erkennst Freude und Schmerz und noch wichtiger, du kannst angemessen darauf reagieren. Empathie bedeutet, dass du weinende Mitmenschen nicht verspottest oder ihren Schmerz ins Lächerliche ziehst. Empathie heißt Menschen zu akzeptieren und sie auch respektvoll zu behandeln. Du musst lernen andere zu respektieren, auch wenn du ihr Handeln nicht immer gutheißen kannst.

Zu emotionalen Intelligenz trägt auch die soziale Kompetenz enorm bei. Diese beschreibt, wie gut du mit anderen Menschen nicht nur kommunizieren, sondern auch interagieren kannst. Es ist die Fähigkeit, Beziehungen zu anderen Menschen zu knüpfen und Beziehungen zu halten. Auch die Themen Führungsqualitäten und Konfliktmanagement fallen unter den Begriff soziale Kompetenz.

Nicht minder wichtig für emotionale Intelligenz ist deine Kommunikationsfähigkeit. Hiermit ist gemeint, dass du dich klar und verständlich ausdrücken kannst und auch ehrlich bei der Kommunikation bist. Doch genauso wichtig ist, dass du auch zuhören kannst und deinen Mitmenschen das Gefühl vermittelst, ein guter Zuhörer zu sein. Sprechen, verstanden werden, zuhören, verstehen und umsetzen sind die Punkte, die eine gute Kommunikationsfähigkeit ausmachen.

Vielleicht fragst du dich, wozu du emotionale Intelligenz benötigst. Vielen Menschen ist wichtig, dass man sie wegen ihrer Intelligenz bewundert. Doch es ist so, dass Erfolg, sowohl beruflicher als auch privater Erfolg sehr stark von deiner emotionalen Intelligenz abhängt. Auch wenn beide Kandidaten dieselbe Qualifikation aufweisen, wird mit großer Wahrscheinlichkeit jener eingestellt, der mit mehr emotionaler Intelligenz punkten kann. Auch privat sind Menschen mit einem hohen EQ sympathischer und wirken in ihrer gesamten Art attraktiver und anziehender.

Menschen mit einem hohen EQ fügen sich gut in eine Gemeinschaft ein und sind gute Teamplayer. Sie kommen im Alltag gut zurecht und meistern Konflikte optimal. Leben und leben lassen ist für diese Menschen die oberste Devise und sie sind auch persönlich sehr ausgeglichen und mit sich selbst zufrieden, ohne überheblich zu sein.

Du findest schnell heraus, wie gut es um deine emotionale Intelligenz bestellt ist, wenn du offen und ehrlich die folgenden Fragen beantwortest. Schreibe die Antworten bitte auch in dein Notizbuch.

- Wie gut kennst du dich selbst und wie reagierst du in den verschiedensten Situationen?
- Kannst du deine Gefühle kontrollieren oder bist du deinen Emotionen ausgeliefert?
- Wie gut gehst du mit Emotionen um? Wie verarbeitest du Wut, Aggression, Freude, Liebe und Zuneigung - sowohl deine eigenen und auch die Emotionen anderer. Sind dir Gefühlsausbrüche von fremden Menschen unangenehm?
- Wie gut bist du im Bereich Kommunikation? Fällt es dir

leicht Gespräche zu führen?
- Kannst du dich gut ausdrücken? Wirst du von anderen gut verstanden?
- Kannst du gut zuhören und das Gehörte auch umsetzen?
- Wie gut kannst du mit anderen Menschen umgehen?
- Wie gut kannst du dich selbst motivieren und wie gut kannst du andere motivieren?
- Bist du für andere ein Fels in der Brandung?
- Bist du auf einem orientierten Weg?
- Verfügst du über Führungsqualitäten und macht es dir Spaß andere zu leiten?
- Wie beliebt bist du bei anderen Menschen?
- Bist du gerne mit anderen Menschen zusammen und sind andere Menschen gerne mit dir zusammen?
- Suchen Menschen Rat bei dir und bist du fähig diesen Rat auch zu geben?

Wenn du diese Fragen ehrlich beantwortest, dann erklärt es sich von selbst, welche Baustellen bei deiner emotionalen Intelligenz noch offen sind. Dadurch kannst du auch effektiv und vor allem aktiv an deinen noch bestehenden Defiziten arbeiten.

Um deine emotionale Intelligenz zu verbessern solltest du vor allem zu dir selbst finden und herausfinden, wer du wirklich bist. Frag dich, was dich geprägt hat und was dich ausmacht. Welche Rolle spielst du in deinem Leben und spielst du eine Rolle, oder bist du echt? Frage dich wo deine Bedürfnisse sind, was deine Ziele sind und was du vom Leben erwartest. Frag dich, was dir Spaß macht, was dich erfüllt und wo deine Stärken und Schwächen liegen. Frag dich, was dein gesamtes Denken, Handeln und Fühlen bestimmt.

Lerne mit deinen Gefühlen umzugehen. Hab keine Angst Gefühle zu zeigen und versuche auch, auf die Gefühle anderer einzugehen. Drehe dich nicht weg, wenn jemand weint oder vor Schmerz aufschreit. Hinterfrage deine eigenen Gefühle. Warum hast du diese Gefühle und was lösen diese in dir aus?

Lerne mit unterschiedlichen Persönlichkeiten umzugehen. Es ist wichtig, dass du alle Menschen so akzeptierst, wie sie sind. Es macht nichts aus, dass du nicht mit allem einverstanden bist, du sollst jedoch auch nicht alle Menschen ändern wollen und andere von deiner Meinung überzeugen. Lerne auch von anderen zu lernen und sei offen für alle Erfahrungen, die auf dich warten.

Werde kommunikativer und übe Unterhaltung. Interessiere dich für viele Themen und versuche mit unterschiedlichsten Menschen Small Talk zu führen. Hier kommt wieder dein Büchlein ins Spiel. Hier kannst du nun verschiedene Themen notieren, mit welchen du dich bis jetzt noch nie befasst hast. Recherchiere und erweitere dein Wissen. Arbeite auch an deinem Ausdruck. Versuche die verschiedensten Sätze immer wieder anders zu formulieren.

Achte auch auf nonverbale Ausdrucksmöglichkeiten. Eine sanfte Berührung, ein Nicken, eine Umarmung oder eine Hilfestellung sind oft viel wichtiger als tröstende Worte. Lerne auch mit Konflikten umzugehen. Überlege, wo du deinen letzten Konflikt hattest und rekapituliere, wie du diesen gelöst hast. Nun denke nach, ob es nicht noch andere Herangehensweisen gegeben hätte. Suche nach Strategien, wie du in

Zukunft Konflikte effizienter lösen könntest.

Arbeite auch an deiner Kritikfähigkeit. Nimm Kritik dankbar an und reagiere nicht beleidigt oder aggressiv. Rechtfertige dich nicht immer sofort und weise auch nicht ständig alle Schuld von dir. Nimm Kritik dazu an, um dich zu verbessern. Fehler sind menschlich und es ist nur normal, Fehler zu machen. Denke nicht, dass du fehlerlos bist und zeige dich auch nicht so. Steh zu deinen Schwächen, zeige jedoch auch zugleich, dass du genau an diesen Schwächen arbeitest.

Beschäftige dich mit anderen Menschen. Interessiere dich für andere und gehe auf ihre Wünsche und Bedürfnisse ein. Gehe auf andere Kulturen ein, versuche Menschen zu verstehen und dringe tiefer in ihre Psyche ein. Versuche, nicht oberflächlich zu sein. Überlege, was andere Menschen so bewegt und hinterfrage die Gründe.

Wenn du all diese Schritte und Punkte befolgst, dann bist du am besten Weg, deine emotionale Intelligenz zu verbessern. Damit erreichst du ein souveränes Auftreten, wirst automatisch beliebter und deine Mitmenschen bringen dir Respekt entgegen.

KAPITEL 6

Teste jetzt deine Schlagfertigkeit: Das Schlagfertigkeits Quiz!

TESTE JETZT DEINE SCHLAGFERTIGKEIT: DAS SCHLAGFERTIGKEITS QUIZ!

Bis jetzt haben wir sämtliche Aspekte und Themen rund um Schlagfertigkeit, Kommunikation, Rhetorik und Gesprächsführung behandelt. Ich habe dir zahlreiche Übungen, Tipps und Tricks aus meinem Geheim-Repertoire verraten. Zum Abschluss habe ich hier noch ein Quiz zum Thema Schlagfertigkeit vorbereitet. Damit kannst du herausfinden, wie gut oder wie schlecht es tatsächlich um deine Schlagfertigkeit bestimmt ist. Ich wünsche dir viel Spaß und rate dir, dieses Quiz nach einer gewissen Zeit noch einmal zu wiederholen. Du wirst sehen, nach einer Zeit voll Übungen und Training wird sich auch deine Schlagfertigkeit gravierend verbessert haben. Die Fragen sind mit Ja oder Nein zu beantworten. Nutze die Gelegenheit und teste dein Wissen jetzt direkt am Handy! Komplett kostenlos, unverbindlich und garantiert ohne Werbung! Scanne dazu einfach den **QR-Code**!

https://link.cherrymedia.de/CM10QUIZ

DAS SCHLAGFERTIGKEITS QUIZ!

Tipp:
Falls Du nicht weißt, wie das mit dem QR-Code funktioniert, haben wir am Ende dieses Buches eine Anleitung für Dich verfasst.

Wenn die Nein Antworten beim Quiz überwiegen, dann hast du noch einiges zu lernen und aufzuarbeiten. Hast du meine Übungen bereits einmal durchgemacht? Ich würde dir raten, die einzelnen Kapitel noch einmal gut durchzulesen und danach den Test ein weiteres Mal durchzuführen.

Wenn sich die Antworten mit Ja und Nein die Waage halten, dann bist du bereits auf einem guten Weg. Natürlich könnten hier und da die Antworten noch rascher kommen, oder die Sicherheit etwas gefestigter werden. Im Großen oder Ganzen kannst du bereits sehr stolz auf dich sein.

Wenn deine Ja Antworten überwiegen, dann lässt du dir nicht so leicht die Butter vom Brot nehmen. Du redest viel und gerne und auch mit jedermann. Du hast keine Hemmungen und du schaffst es mühelos, andere in Grund und Boden zu reden. Du bist eben ein wortgewandter, spontaner Mensch, der sich gut ausdrücken kann. Zudem besitzt du die Fähigkeit, anderen derart gepfefferte Sprüche um die Ohren zu schleudern, dass ihnen der Mund offen steht. Pass hier immer ein wenig auf, dass du andere nicht verletzt. Ein einmal ausgesprochenes Wort lässt sich nicht mehr zurücknehmen. Das solltest du nie vergessen. Einen verbalen Fight gegen dich kann man daher eigentlich nicht gewinnen. Du darfst aber bei allem Siegen nicht auf die Gefühle der anderen vergessen. Lass auch mal andere zu Wort kommen. Du wirst sehen, so macht Konversation gleich bedeutend mehr Spaß.

KAPITEL 7

Schlusswort und Fazit

SCHLUSSWORT UND FAZIT

ICH HOFFE, ICH HABE dich mit meinem kleinen Ratgeber ein wenig durch den Dschungel aus Schlagfertigkeit, souveränem Auftreten, Rhetorik und Gesprächsführung begleiten können. Noch mehr hoffe ich, dass du beim Lesen Freude hattest und dass das Buch auch eine positive Wirkung auf dich gemacht hat.

Vergiss nicht, damit du alles wirklich gut umsetzen kannst, musst du auch aktiv daran arbeiten. Das bedeutet, mach die Übungen, die ich dir vorgeschlagen habe. Lerne die Phrasen und erarbeite eigenständige, schlagfertige Antworten, auch wenn ich dir bereits eine ganze Menge vorgegeben habe. Von nichts kommt nichts, so ist es auch beim Thema Schlagfertigkeit und nur hoffen, dass du auf diesem Gebiet besser wirst, das alleine wird nicht viel bringen.

Manche Übungen machen wirklich zu zweit mehr Spaß. Nimm den Besuch deiner Freunde nächstes Mal zum Anlass. Ihr könnt gemeinsam die Fragen beantworten und jeder notiert für sich die besten schlagfertigen Antworten. Im Anschluss tragt ihr diese den anderen vor. Hier könnt ihr auch mit unterschiedlichen Gesichtsausdrücken spielen und es wird so garantiert ein lustiger Abend. Auch könnt ihr das große Quiz im Anschluss gemeinsam machen. Interessant ist es immer, wie andere dich beurteilen. Du kannst zum Beispiel

SCHLUSSWORT UND FAZIT

den besten Freund oder die beste Freundin bitten, den Test so auszufüllen, wie er denkt, dass es für dich stimmt.

Im Anschluss könnt ihr ja über die unterschiedlichen Meinungen diskutieren, falls welche auftreten. Wer sich selbst gut kennt und ehrlich einschätzt, der wird aber meist auch mit der Meinung der Öffentlichkeit übereinstimmen. Sei jedoch nicht enttäuscht, wenn dich andere etwas anders sehen. Nimm dies als Anstoß und Anreiz, noch ein bisschen an die selbst zu arbeiten.

Nimm auf jeden Fall auch den Ratschlag mit deinem persönlichen Notizbuch ernst. Auch wenn es sich komisch anhören mag, die eigenen Gedanken oder schlagfertigen Sätze oder Phrasen zu sammeln, am Ende ist diese Methode jedoch sehr wirkungsvoll. Und nur darauf kommt es an. Du hast dir dieses Buch ja bestimmt nicht aus Langeweile gekauft, sondern weil du tatsächlich etwas ändern möchtest. Und um etwas zu ändern musst du auch etwas tun. Das ist in allen Bereichen des Lebens so, denn nirgends wird uns etwas geschenkt.

Achte in Zukunft auf dein Auftreten. Lege viel Wert auf eine gute Körperhaltung und eine gute Körperspannung. Dadurch wirkst du nicht nur attraktiver und seriöser, es ist auch für dich selbst und deine Gesundheit besser. Drei Fliegen mit einer Klappe zu schlagen ist doch sensationell, oder nicht? Du wirst schnell bemerken, dass dich Menschen viel eher ernst nehmen, wenn du auch das dementsprechende Auftreten hast.

SCHLUSSWORT UND FAZIT

Sei nicht schüchtern und probiere sofort alles aus, das du neu gelernt hast. Auch wenn es dir erste Zeit immer noch passieren wird, dass dir die besten Antworten erst auf dem Rückzug einfallen, das macht gar nichts aus. Wichtig ist, dass sie dir einfallen und dass du diese auch notierst. Auch wenn ich mich dabei wiederhole, genau hier setzt du das Fundament. Auf diesem Fundament kannst du aufbauen. Sieh es so wie Vokabel lernen, wenn du dir eine neue Fremdsprache aneignen möchtest. Auch hier klappt es nicht, wenn du die Vokabel nicht studierst.

Nun aber wünsche ich dir von Herzen, dass dir dein Vorhaben gelingt. Sei schlagfertig, keck und würze deine Antworten ruhig dem Anlass entsprechend ab und an mit einer kleinen Portion Frechheit. Bring andere zum Lachen und dazu Nachzudenken. Halte anderen einen Spiegel vor und zeige ihnen, dass man mit dir nicht alles machen kann, nicht auf dir herumtrampeln darf und dass du dich durchaus auch wehren kannst.

Lies dazu auch immer wieder in diesem Ratgeber nach, mach dir dazu auch gerne immer wieder direkt im Buch Notizen. Dieses Buch soll dich zum Tun animieren, dich aufrütteln, dich unterstützen und vor allem dir Mut machen.

KAPITEL 8

Anleitung QR-Code

ANLEITUNG QR-CODE

Kann mein Handy oder Tablet QR-Codes scannen?

Um herauszufinden, ob dein Gerät QR-Codes lesen kann, öffne die Kamerafunktion und halte sie ein paar Sekunden in Richtung des zu scannenden Codes. Wenn das funktioniert hat, dann erhältst du eine Benachrichtigung. Falls nicht, musst du in „Einstellungen" das Scannen von QR-Codes erlauben. Wenn du hier nichts auswählen kannst, dann kann dein Handy oder Tablet nicht standardmäßig QR-Codes scannen. Das bedeutet, dass du eine Applikation (App) herunterladen musst, welche QR-Codes lesen kann.

Gehe dazu einfach in deinen AppStore und suche nach "QR-Code Scanner". Jeder QR-Code Scanner, den du dort findest, ist geeignet um unsere Codes zu scannen.

Installiere einen QR-Code Scanner nach Wunsch, öffne die App und scanne den im Buch abgebildeten Code um zur Website zu gelangen.

KAPITEL 9

Glossar

GLOSSAR

Burn-out: Nach Freudenberger ist Burn-out ein „Nachlassen bzw. Schwinden von Kräften oder Erschöpfung durch übermäßige Beanspruchung der eigenen Energie, Kräfte oder Ressourcen". Cherniss beschreibt Burn-out als ein „Resultat eines transaktionalen Prozesses, der sich aus Arbeitsbelastungen, Stress und psychologischer Anpassung zusammensetzt".

Depressionen: Ist eine psychische Erkrankung. Die Symptome bei dieser Störung können Traurigkeit, Schuldgefühle, Schlafstörungen, Müdigkeit, Appetitlosigkeit, Interesselosigkeit, Konzentrationsschwäche sowie ein geringes Selbstwertgefühl sein.

Emojis: Sind Emoticons. Diese stellen z.B.: Handzeichen, Gegenstände aller Art, Gesichter, Gefühle etc. dar.

Euphemismen: Ausdruck um etwas zu beschönigen, wie z.B.: Personen, Handlungen, Gegenstände etc.

Hypophyse: Ist eine Hirnanhangsdrüse. Diese spielt eine Rolle bei der Regulation des Hormonsystems im Körper.

Lymphdrainage: Ist eine Massage in Richtung der Lymphbahnen um die Lymphgefäße zu enstauuen.

GLOSSAR

Mandalas: Sind Bilder aus geometrischen Formen, die sich um einen Mittelpunkt bilden und die man ausmalen kann.

Mahjong: Ist ein altes chinesisches Spiel für vier Personen

Mantra: Ist ein heiliges Wort, Silbe oder Vers.

Memory: Bei diesem Spiel geht es um das gleichzeitige Aufdecken von Bildkartenpaaren.

Mudras: Sind Handhaltungen und Gesten.

NLP: Bedeutet Neuro-Linguistische Programmieren. NLP ist eine Sammlung von Kommunikationstechniken und Methoden zur Veränderung psychischer Abläufe im Menschen.

präfrontaler Cortex: Ist ein Teil des Frontallappens der Großhirnrinde.

Sanskrit: Ist eine alte indische Gelehrten-Sprache

Templates: Sind Vorlagen oder Schablonen.

Thymusdrüse: Ist ein kleines Organ hinter dem Brustbein, welches zum lymphatischen System gehört

Quartett (Spiel): Bei diesem Spiel muss man möglichst viele Quartette, vier zusammengehörigen Karten, sammeln.

GLOSSAR

Yoga: Yoga ist eine philosophische Lehre, welche aus Indien stammt. Ziel von Yoga ist es die Dehnung und Kräftigung der Muskulatur sowie körperliche und geistige Spannungen zu lösen.

Zugangscode - Kostenfreies e-Book

Gehen Sie auf **https://link.cherrymedia.de/EPUB** und geben Sie Ihren Zugangscode ein um Ihr kostenfreies e-Book herunterzuladen.

PQ53-9GH3-2TY4

Index

A

Anfeindungen 84, 86
Antworten 4, 9, 12, 13, 19, 22, 26, 31, 35, 36, 37, 38, 39, 40, 41, 42, 46, 47, 49, 50, 51, 53, 54, 57, 59, 62, 65, 66, 67, 68, 80, 83, 84, 89, 90, 105, 108, 109, 114, 118, 119, 129, 130, 131, 144, 150, 153, 155

B

Blockaden 62, 109, 110, 112, 113, 121
Burn-out 3, 114, 159

C

Charakter 98, 127, 142
Cortisol 20

D

Depressionen 114, 159

E

Emojis 55, 159
EQ 141, 144
Euphemismen 107, 108, 109, 159

F

Frechheit 37, 44, 155
Fundament 7, 53, 155

G

Gegenfragen 56, 57, 58
Gesprächsführung 126, 127, 128, 149, 153
Grundregeln 35
Gyan 124

H

humorvoll 39, 46, 49, 55, 75, 119
Hypophyse 124, 159

I

IQ 141
Ironie 43, 48, 65, 66, 67, 68, 74, 76, 77, 78, 90

K

Kommunikation 7, 24, 55, 58, 66, 125, 143, 144, 149
Körperhaltung 7, 15, 16, 17, 18, 19, 20, 21, 22, 24, 29, 37, 131, 154
Körpersprache 7, 10, 11, 12, 15, 16, 29, 131, 132, 134

L

Lymphdrainage 110, 159

M

Mahjong 54, 160
Mandalas 54, 160
Mantras 38, 110, 115, 120, 121, 122
Meditation 38, 110, 115, 116, 120, 121, 122

Memory 54, 160

Mimik 7, 22, 23, 24, 25, 37, 51, 66, 68, 89, 131, 134, 137, 138, 140

Mudras 38, 120, 122, 123, 124, 125, 160

N

NLP 19, 128, 131, 160

P

Pokerface 133, 134, 135, 138, 139, 140, 141

Prana 125

Praxis 53

Prithvi 124

Q

QR-Code 149, 150, 156, 157

Quartett 54, 160

Quiz 4, 80, 149, 150, 153

R

Rhetorik 7, 27, 28, 48, 105, 141, 149, 153

S

Sanskrit 123, 160

Sarkasmus 13, 65, 66, 67

Selbstbewusstsein 1, 2, 3, 4, 15, 40, 49, 53, 64, 89, 109, 120, 121, 125, 142

Spiegel 11, 12, 13, 15, 16, 20, 21, 23, 25, 28, 31, 37, 39, 42, 51, 55, 68, 80, 83, 89, 109, 137, 140, 155

Suggestivfrage 19

sympathisch 4, 46, 58, 101, 130

T

Taktiken 42, 56
Templates 38, 86, 160
Thymusdrüse 116, 117, 160

U

Übungen 2, 4, 12, 23, 37, 38,
 39, 55, 83, 109, 110, 120,
 122, 123, 140, 149, 150,
 153
Unsicherheiten 10

V

Verteidigung 46, 58, 59
Vorwürfe 45, 70, 72, 73, 76, 77,
 84, 86, 90

W

Wortsammler 40

Y

Yoga 38, 110, 115, 120, 122,
 123, 161

Z

Zynismus 65, 66, 67

Printed in Poland
by Amazon Fulfillment
Poland Sp. z o.o., Wrocław

60160837R00103